ワイン食堂のメニューブック
多様化するビストロ・バル料理154

はじめに

　ビストロ・バルが、ますます、人気です。ブームのきっかけとなったのは、スペインバル。「タパス」「ピンチョス」などの小粋なメニューと、バリューワインを気軽に楽しむスタイルは、これまで日本になかった業態として、多くのお客の支持を得ました。

　そして、ワインが大衆化し、食中酒として日常に定着してくると、バル、ビストロは一気に増加。いまや肉料理が主力の「肉バル」、魚料理が中心の「魚バル」、和食とワインを組み合わせた「和風ビストロ」など、業態は多様化・細分化。料理はよりボリューム感とカジュアル感が重視され、すぐれたコストパフォーマンスがお客をひきつけています。

　本書では、本格フレンチをカジュアルに提供するビストロから、ボリューム満点の肉料理が売りの店、小皿料理＆鉄板焼き、中国料理×ワイン、エスニック×ワインなど、ユニークなコンセプトで展開する16店の店づくりと料理を紹介します。本のタイトルとなっている「ワイン食堂」とは、ワインと料理を楽しむお店のこと。もはやビストロ・バルという言葉では括りきれなくなっている、昨今のワインを扱うお店のすべてをこの言葉で表しました。

目次

※頁数が2つの場合は、左が写真、右がレシピ掲載頁

豪快ビストロ料理

レトノ（東京・八丁堀）……10

イタリア産生ハムの盛り合わせ ……18・48
ゴボウのフラン ……19・50
ムースフリット ……20・51
ラザニア ……21・52
仔羊の瞬間スモーク ……22・53
本日のチーズ テットドモア ……23

ビストロ ハッチ（東京・吉祥寺）……14

炙りしめ鯖とじゃがいも ……30・58
サンマのテリーヌ バルサミコソース ……31・58
季節野菜のエチュベ ……31・58
ヒイカのスミ煮 ……32・59
栗と白インゲンのカスレ ……32・59
色々キノコのドフィノワ ……33・60
メカジキのグリル ラタトゥイユ添え ……34・60
ステーキフリット 牛ハラミのステーキ マルシャン・ド・ヴァン・バター ……35・61
牛ホホ肉の赤ワイン煮 ……36・61

ラ・ピヨッシュ（東京・水天宮）……12

いのししのパテとイチジク ……24・54
サバのマリネ ……25・54
白子のフリット ……25・55
自然派サラダ ……26・55
シュークルート ピヨッシュ風 ……27・56
フルール・ド・オーブラック牛の炭火焼き 約500g ……28・57
青首鴨の炭火焼き ……29・57

IJ（東京・銀座）……16

ティアン・ド・レギューム ……37・62
トマト！ トマト!! トマト!!! ……38・62
IJのポテトサラダ ……38・63
浅利の漁師風 ……39・63
スペルト小麦と魚介のリゾット ……40・63
メカジキのコンフィ オイルガーリック ……41・64
国産牛のタルタル ……41・64
エイヒレのムニエル 焦がしバターソース ……42・65
仔羊のハンバーグ バジルペースト ……43・65

シェアするフレンチ

アタ（東京・代官山）……68

ブランダード ……76・104

〆鯖ツァネラ ……76・104

カニのワカモレ ……77・105

セウタ ……78・105

テット・ド・フロマグロ ……79・106

マグロのうなぎ ……80・107

チュルボのロースト ……81・107

ブイヤベース ……82・108

お米のブイヤベース ……83・108

喃喃 麻布十番商店街ストア（東京・麻布十番）……72

タコとアボカドのジェノベーゼ ……90・113

パテ・ド・十番 ……91・113

丸ごとトマトとコリアンダーのチリコンカルネ ……91・114

生ハムとフルーツの葉野菜サラダ ……92・114

帆立とマッシュルームのバターソテー
ルッコラセルバチコとペコリーノ ……93・115

カモの燻製
テット・ド・モアンヌとバルサミコ ……94・115

特製ミートパイ ……95・116

ビコック（東京・神楽坂）……70

焼きナスとアンチョビ ……84・109

甚五右ヱ門芋とブルターニュバター ……84・109

ソッカと焼き野菜のサラダ ……85・109

スープ オ ピストゥ ……86・110

ブリ大根 ……86・111

ブランダード ……87・111

プチサレとランティーユ ……88・112

国産牛ハラミステーキ ……89・112

チーズの盛合せ ……89

サンシビリテ（東京・新富町）……74

ムール貝のエスカルゴバター焼き
プロヴァンサル ……96・117

自家製有機野菜のピクルス ……97・117

猪とゴボウのテリーヌ ……97・118

極上椎茸に詰めたホタテムースと
ズワイガニのロースト ……98・118

白子のムニエル
焦がしバターとケッパーのソース ……99・119

仔羊背肉のロースト 香草風味 ……100・119

山形県産ジャスミンライスを詰めた
津軽鶏モモ肉のロースト
生姜風味のソース ……101・120

個性派ワイン食堂

ワインショップ＆ダイナー
フジマル 浅草橋店（東京・浅草橋）……122

玉葱のロースト　スパイスの香り ……130・160
原木椎茸のブルーチーズ焼き ……130・160
パクチーとクレソン、
セルバチコのサラダ ……131・160
地ダコのアヒージョ ……132・161
牛ハツと野菜のバイヤルディ仕立て ……132・161
豚タンの冷製シュワシュワ切り ……133・162
桜肉しんたまのタルタル ……134・162
冷製ローストビーフ ……135・163
豚スネ肉のデラウェアワイン煮込み ……136・163
オマール海老のホットドッグ ……137・164
大阪風クロケット ……137

ブレッド＆タパス 沢村（東京・広尾）……126

パテ・ド・カンパーニュ ……145・168
クレソンとフェンネルのサラダ ……145・168
エビと蓮根のアヒージョ ……146・169
カポナータ ……147・169
ミネストローネ ……147・169
トリッパのトマト煮込み ……148・170
バーニャカウダ ……149・170
ボロネーゼ ……150・171
北海道産牛ランプステーキ ……151・171

夜木（東京・恵比寿）……124

白レバーブリュレ ……138・165
イチジクバター ……139・165
8種季節野菜のオーブン焼き ……140・165
海老のブルギニヨン ……140・166
ムール貝の白ワイン蒸し ……141・166
秋田かづの牛塩モツ煮込み ……142・166
美桜鶏とトマトの土瓶蒸し ……142・167
カニとイクラの炊き込みご飯 ……143・167
山形牛モモ肉のステーキ ……144・167

エビイロ（東京・外苑前）……128

白レバーパテ　トリュフ風味 ……152・172
自家製オイルサーディン ……152・172
タコとアボカドのサラダ ……153・172
燻製カジキマグロのカルパッチョ ……153・173
どっかんキャベツ　焦がしアンチョビバター ……154・173
砂肝のコンフィ ……154・174
広島産カキのオイル漬け ……155・174
特上牛タンすじのポトフ　ゆずこしょう風味 ……156・175
アンチョビチーズ焼きオニギリ ……156・175
やわらかーい煮豚とキャロットラペ ……157・175

ワインとエスニック

パーラー（東京・六本木）……178

チャーシュー ……186・220
ワダ 南インド風豆のコロッケ ……186・220
サンバルカンコン ……187・220
茄子とオクラのベラド
スパイシートマトソース和え ……188・221
ゴーヒャン ……189・221
大根オムレツ ……189・221
トリッパ ……190・222
ミミガー ……190・222
マサラチキン ……191・223
ソフトシェルクラブ ……192・223

楽記（東京・外苑前）……180

光鶏の特製醤油漬け ……193・224
皮付き豚バラ肉のクリスピー焼き ……194・225
湯引きレタス 紅焼ソース ……194・226
茹で才巻海老 特製醤油ソース ……195・226
モンゴウイカの揚げ物 ……196・226
本日の魚の蒸し物 ……197・227
ハムユイ入りチャーハン ……198・227
炭火釜焼きチャーシュー ……198・228
炭火釜焼きアヒル ……199・229

レンゲ（東京・新宿）……182

タパス盛り合わせ ……200・230
京鴨の春巻 ……202・232
キタアカリの雪菜炒め ……202・233
上海蟹みその"黄金"麻婆豆腐 ……203・233
黒毛和牛A4サーロインの焼きしゃぶ ……204・234
ラーメン 本日のスープで ……205・234

Mitsu-Getsu（東京・経堂）……184

キンカンと冬野菜のピクルス ……206・235
大葉風味の揚げニョッキ ……206・235
ラクテール茸 ゆり根 芹のお浸し ……207・235
カキのしんじょう揚げ ……208・235
白身魚の昆布〆
クレソンと岩海苔のマリネ ……209・236
馬カツ ……210・236
ジュ・ド・ベベのトマトソース キタッラ ……211・236
スッポンのラヴィオリ スープ仕立て ……212・237
鴨と聖護院大根の煮物
蕎麦の実の餡かけ ……213・237
旬のフルーツのブリア・サヴァランの白和え ……213・237

"自家製"をつくろう
パン／IJ ライ麦パン ……44
ソーセージ／IJ 自家製ソーセージ ……46
パテ／サンシビリテ 田舎風豚肉のパテ ……102
ベーコン／エビイロ 自家製ベーコン ……158

自然派ワインとは何か？ ……66
ワインの品ぞろえ、売り方の工夫 ……176
ワイン食堂のデザートメニュー ……214
ワイン食堂のワイングラス ……218

主要材料別索引 ……238

撮影　高島不二男、浅山美鈴、大山裕平
デザイン　矢作裕佳（Sola design）
編集　伊藤由佳子、笹木理恵、黒木 純

本書を使う前に

●本書は2014年6月〜12月に取材を行い、まとめたものです。料理と、一部の自家製調味料の名前は、取材時の店の表記に準じます。

●材料の分量は、各店が実際に提供している「1皿分」を基本としています。1人前とは限らず、複数人でのシェアを想定したポーションの場合もあります。また、まとめて仕込むことが前提の料理または材料で、皿数分の表示ができないものは「つくりやすい分量」と記してあります。

●一部の材料の分量や解説は省略してあります。

●オリーブオイルと表記したものはピュアオリーブオイル、E.V. オリーブオイルと表記したものはエクストラヴァージンオリーブオイルを指します。

●バターは無塩バターを使用します。

●野菜やパスタなどを茹でる際の塩は、塩味をしっかりきかせるために使う場合は材料に記しています。ごく少量を使う場合は「材料外」としています。

●液体の分量単位はgなど重量による表記とmlなど容積による表記があり、取材店の計量法に準じます。

●調理器具やテリーヌ型などの寸法は、取材店の計量法に準じます。テリーヌ型の寸法表記は「縦（長辺）×横×高さ」です。

●大さじ1は15ml、小さじ1は5ml、カップ1は200mlを指します。

●調理時の温度・火力・時間、材料の分量はあくまでも目安であり、厨房条件、熱源や加熱機器の種類、材料の状態によって変わります。適宜調整してください。

レトノ
ラ・ピヨッシュ
ビストロ ハッチ
ⅠJ

豪快ビストロ料理

2～3人前はありそうな生ハムの盛合せ、
ぶ厚くカットされたパテ、
フライドポテトの上に盛りつけられた厚切りのステーキ──。
いま、ボリューム満点のビストロ料理が人気です。
がつがつ食べて、がぶがぶ飲む。それが、ビストロの醍醐味です。

クラシックからフュージョンまで。
実力派シェフがくり出す新ビストロ料理

レトノ

Les TONNEAUX

ワインショップの併設レストランとしてオープンした
レトノ。入口を入って右手のフロアは、元はワイン
ショップだったスペースで、2012年に改装して客席に。

オフィス街と住宅街が混在する東京・八丁堀界隈には、ここ数年、バルやビストロが目立って増えている。「レトノ」もその1店だ。オープンは2010年4月。老舗ワインショップ「入船屋酒店」の併設レストランとして開業した同店は、食通やワイン好きの話題をさらい、オープン半年後には連日満席となる人気店に。「立ち飲みでもいいから入れて」というお客の声も多く、12年にワインショップを改装し、客席を27席から46席に増設した。

人気の理由は、料理の圧倒的なお値打ち感。「カジュアルな雰囲気であっても、料理は本物をめざしています」と話すのは、オーナーシェフの和田倫行さんだ。和田さんは、フランス料理店で長く修業し、都内の一流ホテルで副料理長を務めた経験をもつ。その和田さんの言葉どおり、同店の料理はいずれも高い調理技術を必要とするものばかり。たとえば「ゴボウのフラン」（P.19）は、フランのベースとソースをあらかじめ仕込んでおき、オーダーが入ってからさらに調理をほどこして仕上げる手の込んだ一品だ。また、パンも、前菜の盛合せに使うオリーブのマリネも自家製を用意。自店で手づくりすることにこだわっている。

メニューは前菜9品、スペシャリティー（メインディッシュ）7品、本日のおすすめ9品など、アラカルトを40品前後そろえる他、4000円、4500円、5000円の3つの価格で「シェフのお任せコース」を用意。フランス料理を中心に、パスタやアヒージョなどの欧州各国の料理もそろえ、お客の幅広い要望にこたえている。また、どの皿もお客がシェアできるようにボリューム充分に仕上げているのも、人気の理由のひとつだ。

ワインは地下のセラーに7000本をストックし、そのなかから飲みごろのワインを常時300本用意。蔵元から直接仕入れた自社輸入品を提供しているのも売りで、他店にはないアイテムをリーズナブルな価格で提案している。手の込んだ料理と希少なワインを提供しながらも、客単価は6000円。「グランメゾンのフランス料理を食べ慣れたお客さまが常連になることも多い」（和田さん）というのもうなずける。

DATA

東京都中央区八丁堀2-8-2
03-6228-3138

開業	2010年4月
営業時間	17：30～22：00（L.O.）
定休日	日曜
席数	46（カウンター5席、テーブル41席）
価格帯	前菜680～1680円、サイドメニュー480～680円、スペシャリティー1660～3480円、パスタ890～980円、デザート500～600円
ワイン	ドイツ産、フランス産、イタリア産が中心。ボトル中心価格帯4000～5000円、自社輸入ワイン中心価格帯3000～4500円、グラス8～9種600～700円

入口を入って左手の客席。カウンター席の対面はオープンキッチンだ。店内の中央に厨房がレイアウトされており、厨房のどこからでも客席を見わたせるようになっている。ダークブラウンで統一された客席は、クラシック、モダンの両方の雰囲気を備えている。

左／黒板で自社輸入のワインをアピール。同店の前身は1923年創業のワインショップ「入船屋酒店」であり、現在もワインを自社輸入している。右／25坪の地下セラーに降りる扉の横でワインを販売。

社員は全員調理人で、接客も担当する。後列左から小林拓人さん、オーナーシェフの和田倫行さん、青木工さん、ソムリエの山田正道さん。前列左から大川弘二さん、神山友香さん。

自然派ワインを4000本以上ストック。
豪快な炭火焼き料理も話題を呼ぶ

ラ・ピヨッシュ

La Pioche

東京メトロ・水天宮駅から徒歩5分、オフィスビルとマンションが立ち並ぶ一角に立地。にぎやかな人形町エリアから少し離れた、閑静な場所にある。

　最近では「ヴァン・ナチュール」、いわゆる自然派ワインの味わいにひかれてワインバーやバルを開業するオーナーも少なくない。「ラ・ピヨッシュ」の林真也さんもその1人だ。自分の店を出すと決意したあと、フランス・サヴォワのワイナリー「ジャン・イヴ・ペロン」で1年間働いた。「ワイナリーで働いてあらためて、ワインは農産物であり、汗水流してつくるものだと気づきました。苦労してつくったブドウですから、できるだけ余計なものを加えずにワインをつくるという考え方は、とても自然なことだと思います」と林さん。ラ・ピヨッシュのコンセプトはこのワイナリーでの経験に基づいている。同店で提供するワインは、林さんが考え方に共感したつくり手のもののみ。自然派ワインにひかれて以来、10年以上こつこつと買い集めたアイテムも含め、4000本以上のストックが店内、ワイン用に借りた倉庫のセラーに眠る。
　それらワインに合わせる料理も、「できるだけ余計なものを加えず、シンプルに」というのがモットー。野菜は無農薬栽培されたものを、信頼のおける生産者から仕入れている。看板料理は肉類の炭火焼きで、シェフの宮崎智洋さんが客席から見えるグリラーで、塊の牛肉や鴨肉（冬場はジビエ）をじっくりと焼き上げる。また、「いのししのパテとイチジク」（P.24）や「シュークルート ピヨッシュ風」（P.27）のパテやソーセージは自家製だ。ワインと同様、シャルキュトリーも結着剤や発色剤を使わずにつくりたいと、試行錯誤してレシピを編み出したという。
　1皿で3〜4人分の量がある、料理の圧倒的なボリュームも同店の特徴のひとつ。旬の野菜を山盛りにした「自然派サラダ」（P.26）や、ぶ厚くカットされた肉の炭火焼きを見れば、そのコストパフォーマンスの高さがわかる。お客の好みに合いそうなワインを、膨大なストックのなかから林さんが選び出し、各テーブルで説明する光景も同店の名物。自身の経験を交えて語るていねいな説明は、ワイン好きのお客に好評だ。「しっかり食べて、しっかり飲みたい」。そんな要望をかなえてくれる店として、いまや予約のとりにくい人気店となっている。

DATA

東京都中央区日本橋蛎殻町 1-18-1 1F
03-3669-7988

開業	2013年6月
営業時間	17：30〜23：00 (L.O.)、土・日・祝日 16：00〜23：00 (L.O.)
定休日	不定休
席数	18（カウンター4席、テーブル14席）
価格帯	前菜 1600〜2580円、メイン 2800円〜、デザート 500円〜（価格は税別）
ワイン	自然派ワイン。ボトル中心価格帯6000円前後、グラス約7種 800〜1000円

ワインリストを兼ねたセラーの扉。入荷したワインはかならずいったんねかせる。アイテムの入れ替わりが激しいので、紙に書いたワインリストは用意していない。

炭火焼きのメニューは、客席に面したグリラーで焼く。ガラス越しに調理の様子を見ることができる。

ワインの管理と接客を担当するオーナーの林真也さん(左)とシェフの宮崎智洋さん(右)。宮崎さんは、和食店や炭火焼き料理の店「ヴァンピックル」(東京・銀座)などで経験を積んだ。

入口を入って左側はカウンター席。右側は、ベンチシートと切り株のような丸太の椅子を配したテーブル席。椅子やテーブルは、大工である林さんの義父が手づくりした。店内中央の梁には、店名の由来ともなっている農具とブドウの枝木が飾られている。

伝統的なフランス料理から串焼きまで。
お客に寄り添う"うまいもの"屋

ビストロ ハッチ

Bistro Hutch

JR吉祥寺駅から徒歩3分。飲食店が密集する路地に立地。民家風のたたずまいが、フランスのビストロらしい温かみを醸す。

　一見するとワインビストロだが、メニュー表には「とりつくね」「白レバー」などの文字が。串焼きメニューは炭火で焼き上げる本格派ながら、価格は1本250〜300円！　一方で田舎風パテやムール貝のワイン蒸しといったビストロの定番料理も手堅く押さえ、牛ステーキや鴨コンフィなどのメイン料理は1600円以下というリーズナブルな価格設定。さらにワインは、約120種をそろえ、グラス450円〜、ボトル2300円〜で提供する。たらふく食べて飲んで4000円でおつりがくるという圧倒的なコストパフォーマンスで、飲食激戦区の東京・吉祥寺で連日満席の人気店となっているのが「ビストロ ハッチ」だ。

　オーナーは、和食の板前として飲食業界に飛び込み、外食企業でマネジメント経験を積んだ高島巨房さん。シェフの廣瀬康二さんは、フランス料理店「北島亭」（東京・四谷）などを経て、フランスでも修業を積んだ。「オーソドックスなフランス料理をベースにしつつ、『ヒイカのスミ煮』（P.32）などの現地で学んだ伝統的な料理は、日本人が食べやすいようにアレンジして提供しています」と廣瀬さん。高級食材のイメージがあるジビエも、ポーションを抑えて1000円以下で提供することで、多くのお客に気軽に味わってもらえるようにしているという。

　一方のワインは、フランス産を中心に高島さんがセレクト。「カジュアルなビストロだから、肉料理に

はかならず赤ワイン、といった型にはまったすすめ方はしません。ワインを楽しむ人もいれば、料理がメインの人もいます。料理とワインのオーダー比率や、食べるペースを見ながら、お客さまそれぞれに合わせてアドバイスをするのが、サービススタッフの腕の見せどころだと思います」と高島さんは語る。

　常連客も多いため、黒板メニューは2週間ほどですべて入れ替え、500円以下の手軽な小皿料理をつねに16品以上用意。2人客にはハーフサイズでのオーダーにもこたえるなど、お客目線に立った心づかいが喜ばれ、リピーターは増えるばかりだ。

DATA

東京都武蔵野市吉祥寺本町2-17-3　本町ハウス1F
0422-27-1163

開業 ········ 2012年8月
営業時間 ··· 17：00〜翌3：00（L.O.翌2：00）
定休日 ······ 無休
席数 ········ 26（カウンター8席、テーブル16席、テラス2席）
価格帯 ······ 前菜450〜950円、串焼き250〜300円、タパス300〜500円、メイン1100〜1600円、デザート400〜500円
ワイン ······ 約120種をそろえ、うち自然派ワインは3割。3000円、5000円、8000円の3つを主軸に、それぞれの価格帯で幅広いニーズにこたえられるラインアップをめざしている。
ボトル2300円〜、
グラスは泡1種、赤・白各3種で、450円〜

ワインリストを見せてほしいというお客も多いため、すぐに出せるように卓数分を用意。

上／入口すぐの空間は、向かい合わせのテーブル席に。厨房スペースを最小限に抑え、席数を確保。右／種類豊富なワインは120本収容可能なセラーに保管する他、壁に陳列棚を設けて収納。

シェフの廣瀬康二さん。大学卒業後、社会人経験を積んだのち、夢だった料理の道へ。「北島亭」で学んだ肉の火入れにも定評がある。

店内は12坪24席。クリーム色の塗り壁と木目が基調の空間に、ダークブラウンの椅子やテーブルを配し、アンティーク調の落ち着いた雰囲気に。壁側をベンチシートにすることで居住性をより高めている。

酒場感覚の居酒屋的ビストロ。
女性客を意識して魚料理にも注力

IJ

上／東京・銀座一丁目の路地裏に立地。元料亭だった物件を改装してビストロに。右／2階席は座敷を生かした内装（写真右）。

東京・銀座一丁目の「IJ」は、都内で「ブラッスリーザン」や「ジビエフレンチ ニコ」など11店舗を手がける㈱夢屋が2013年6月にオープンしたビストロ。夢屋が展開する店に共通するのは、メインターゲットが男性客であること。「かしこまって食べるフランス料理店ではなく、豪快に肉を食べる『酒場』のイメージ」と、店長兼ソムリエの小島啓太郎さんは言う。ただしIJの場合は、銀座という土地柄、女性客も視野に入れ、魚料理にも注力。内装も、テーブル席主体の落ち着いた雰囲気に仕上げた。客単価は4500円。銀座では比較的低めの価格設定も功を奏し、ねらい通り女性客にも高い支持を得て、お客の男女比率は半々だという。

メニューはアラカルトで約40品を用意。前菜は約20品で、価格は480円から。冷菜、温菜を数種類注文できるように1皿の量を少なくし、価格を低めに設定している。一方、魚・肉のメインディッシュは、数人でシェアできるように、ボリューム満点の盛りつけに。たとえば看板メニューの「エイヒレのムニエル 焦がしバターソース」（P.42）は、エイヒレを200g使用し、迫力のあるひと皿に仕上げている。同店の料理について総料理長の横山寿昭さんは「印象的な素材を選び、少し濃いめの味に仕上げています」と話す。「エイヒレも、フランスのビストロでは定番ですが、日本ではまだなじみのない素材で、お客さまの目には印象的に映ります。料理は、素材を前面に出したほうが、お客さまの記憶に残りやすい」と横山さん。また、加工品や冷凍食品を使わず、仕込みに手間をかけているのも、IJの特徴だ。料理長の小幡雄三さんは「手づくりのほうが季節感を出しやすいし、つくり手の思いも伝わりやすいから」と、労力をいとわない。約10品のメインは、ポーションの大きさに関わらず980〜1680円で提供しており、2000円を超えるメニューはない。すぐれたコストパフォーマンスも人気の理由のひとつだろう。

ワインの売り方もユニーク。同店にはワインリストはなく、お客がセラーで好みのものを選ぶというスタイル。また一部の棚を貸す「貸セラー」のサービスも行っており、使用料は1000円（3ヵ月）、抜栓料は1000円。貸セラーもリピーターの増加にひと役買っている。

DATA

東京都中央区銀座 1-6-14
03-3535-8899

開業 ……… 2013年6月
営業時間 … 17：00〜23：30、土曜 16：00〜23：00
定休日 …… 日曜・祝日
席数 ……… 56（カウンター 10席、テーブル 46席）
価格帯 …… 冷菜 480〜1280円、温菜 680〜850円、
　　　　　　メイン（魚）980〜1380円、
　　　　　　メイン（肉）1180〜1680円、
　　　　　　デザート 350〜480円
ワイン …… オーガニックワインと自然派ワイン。
　　　　　　ボトル中心価格帯 3300〜4300円、
　　　　　　グラス8種 500〜800円

お客がセラーに自由に出入りしてワインを選ぶスタイルが好評で、ワインの売上げ比率は5割。セラー内のワイン3本分のスペースを3ヵ月1000円、抜栓料1本1000円で貸すサービスも。

後列左から調理スタッフの加藤 昇さん、総料理長の横山寿昭さん、ＩＪの料理長の小幡雄三さん。前列左から調理スタッフの中村康秀さん、店長兼ソムリエの小島啓太郎さん。

客席は1階〜3階。1階の入口を入ると左手に階段、正面にセラー、右手に客席がある。奥にカウンター席とオープンキッチンを配置。落ち着いた赤色の壁紙で、シックな印象。

黒板には約40品のメニューを記載。居酒屋的な利用動機にも対応できるように、「ツマミ」や、すぐに提供できる「スグ」などのカテゴリーもある。

レトノ

イタリア産生ハムの盛り合わせ
（写真右奥から時計回りに、リエット、コッパ、ミラノサラミ、生ハム、コルニッション、オリーブマリネ、グレック、キャロットラペ）

▶▶▶

圧倒的なボリューム感と彩りで
人気メニューとなっている前菜の盛合せ。
ハム以外の素材や料理は大半が自家製で、
ていねいな仕込みから生まれたおいしさも
人気を集める理由だ。

（つくり方→P.48）

ゴボウのフラン

◆◆◆

さっくりとした軽い食感のタルト生地に
ゴボウとマッシュルームのフランを入れて焼き上げ、
さらにゴボウとマッシュルームのソースをかける。
マッシュルームと組み合わせることで、
ゴボウ特有の土くささがやわらぎ、まろやかな味わいに。

(つくり方→ P.50)

レトノ

ムースフリット

♦♦♦

「洋風のさつま揚げ」をイメージしたメニューで、
魚のすり身を団子状にして香ばしく揚げている。
生地に卵白と生クリームが入っているので、
食感はふわふわ、味わいはクリーミーだ。
ケッパーやコルニッションの入ったソースと
カレー塩を添えて提供する。

（つくり方→ P.51）

ラザニア

•••

ラザニアは、大きめのバットでまとめて焼き上げてから
グラタン皿に移して冷蔵保存しておく。
ラザニア生地は下茹でが不要な製品を選んでいるので、
扱いやすく、ソースともからみやすい。

(つくり方→P.52)

仔羊の瞬間スモーク
◆◆◆

スモークをかけた仔羊の背肉とラタトゥイユ、
たっぷりの野菜を盛り合わせた人気のひと皿。
スモークチップを敷いたココット鍋に
ローストした塊肉を入れて客席に運び、
スモークの過程をお客に見せる
プレゼンテーションもユニークだ。
フランス・ローヌ、ジゴンダス産の
果実味に富んだ自社輸入の赤ワインを添えた。

(つくり方→P.53)

本日のチーズ　テットドモア
◆◆◆

ベルギーのチーズ「テット・ド・モアンヌ」は、専用の器具を使って
お客の目の前で削り、バゲットとレーズンを添えて提供する。
削りとったチーズ片の形状もユニークで、ベルギーではジロール茸にたとえられている。

ラ・ピヨッシュ

いのししのパテとイチジク

発色剤を使わずに仕込んだ自家製のパテは、
色鮮やかではないが、熟成した豚肉のうまみが充分に感じられる。
ぶ厚くカットしてボリューム感を訴求する一方、
フレッシュのイチジクを添えて軽やかさも演出。

(つくり方→P.54)

サバのマリネ
♦♦♦

オレンジの風味がきいたサバのマリネは、
さわやかでほどよい酸味があり、白ワインとよく合う。
オレンジの皮を漬け込んだビネガーを使うのがポイント。

（つくり方→P.54）

白子のフリット
♦♦♦

なめらかな食感の白子は
白ワインとも相性がよい素材だ。
シトロンビネガーでつくった
ビネグレットソースをかけることで、
さらに味が引き立つ。

（つくり方→P.55）

ラ・ピヨッシュ

自然派サラダ

季節の野菜をたっぷりと盛り合わせたサラダ。
葉野菜にあらかじめ下味をつけておくと水っぽくならない。
ビネグレットソースには甘口ワイン、バニュルスからつくった
バニュルスビネガーを使い、コクを出している。
フランス・サヴォワ地方のアルテス種でつくる
やさしい味わいのワインとともに。

(つくり方→ P.55)

シュークルート ピヨッシュ風

♦♦♦

ナチュラルなワインに合わせて
ソーセージも結着剤や発色剤を加えずにつくりたいと、
苦心の末に編み出したレシピ。キャベツのシュークルートも自家製だ。
やわらかく煮た豚スネ肉と組み合わせて。

(つくり方→ P.56)

フルール・ド・オーブラック牛の炭火焼き 約500g
◆◆◆
脂身が少なく、赤身のおいしい牛肉を選んで炭火で焼き上げる。
肉はかならず室温にもどしてから火にかけるのがポイントだ。

（つくり方→ P.57）

青首鴨の炭火焼き

丸ごと炭火焼きにした鴨肉を
部位ごとに切り分けて盛り合わせる。
付合せはネギとセルフィーユの根の炭火焼き。
シンプルな調理で素材の味を存分に引き出している。
滋味豊かな野性の鴨には、
滋味深いフランス・ジュラ地方の
プルサール種のワインを合わせた。

(つくり方→ P.57)

ビストロ ハッチ

炙りしめ鯖とじゃがいも

♦♦♦

ビストロの定番であるサバとジャガイモの組合せを、
酸味と甘み、食感のバランスを重視して再構築。
ホクホク、カリカリ、2種の食感のジャガイモと
間にしのばせたタマネギコンフィの甘みが
軽く締めたサバのうまみを引き立てる。

（つくり方→ P.58）

サンマのテリーヌ バルサミコソース

日本人に身近な素材を使い、フレンチらしさを出した一品。
レア感を残す絶妙な火入れで、
舌にしっとりと吸いつくような口あたりに。
（つくり方→ P.58）

季節野菜のエチュベ
◆◆◆
石川・能登の高農園から仕入れる新鮮野菜に、
生ハムを加えてココット鍋で蒸し焼きに。
季節の野菜が 10 種以上盛り込まれ、
これひと皿で野菜は OK！ のバリュー感が魅力。

（つくり方→ P.58）

ビストロ ハッチ

ヒイカのスミ煮
◆◆◆
シェフが、修業時代に
フランス・バスク地方で
学んだという
クラシカルな郷土料理。
イカスミとトマトソースを
使ったシンプルな料理だが、
奥行のある味わいで、
食べた後も余韻が残る。

（つくり方→ P.59）

栗と白インゲンのカスレ
◆◆◆
ホクホクとした食感でやさしい甘みがあるクリと白インゲンマメを主役に、
ほっこりマイルドな味わいに仕立てたカスレ。
鴨のジュを隠し味に加え、コクと深みを出す。

（つくり方→ P.59）

色々キノコのドフィノワ

◆◆◆

ジャガイモだけでつくるドフィノワをアレンジ。
食感の豊かな 4 種のキノコを加え、
生クリームたっぷりのベシャメルソースを重ねた。
芳醇な香りのシャルドネと合わせたい。

(つくり方→ P.60)

メカジキのグリル　ラタトゥイユ添え

♦♦♦

淡白な味わいのメカジキは、
低温でじっくりと火を入れることで
しっとり、やわらかな食感をキープ。
野菜のうまみを凝縮させたラタトゥイユを
たっぷりと敷いてソース代わりに。

（つくり方→P.60）

ステーキフリット　牛ハラミのステーキ
マルシャン・ド・ヴァン・バター

❖❖❖

赤身肉らしいほどよい弾力をもち、
噛むごとにうまみが広がる牛のハラミ。
そのもち味を最大限に引き出した。
スモーキーな炭火の香りをまとわせて焼き上げ、
香り高い赤ワイン風味のバターとともに。

(つくり方→ P.61)

ビストロ ハッチ

牛ホホ肉の赤ワイン煮

とろりとしたマッシュポテトの上の
塊の牛ホホ肉が存在感たっぷり。
ほろほろと繊維がほどける食感と芳醇な香りを、
濃厚なボルドーのメルローと一緒に。

（つくり方→P.61）

ティアン・ド・レギューム

◆◆◆

トマト、ズッキーニ、ジャガイモなどにオリーブオイルをかけて焼く南仏の郷土料理。
調理のポイントは、高温で時間をかけずに焼き上げること。
そうすることで、野菜から余分な水分が出ず、甘みを引き出すことができる。

(つくり方→ P.62)

トマト！トマト!! トマト!!!

•••

南仏の「サラダ・ニソワーズ」（ニース風サラダ）をアレンジ。
トマト3種を盛り合わせて、
アンチョビの代わりに自家製のメカジキのコンフィを加え、
インゲンマメとゆで卵を盛り合わせている。

（つくり方→P.62）

IJのポテトサラダ

•••

アサリとホタテ貝柱のだしを加えたポテトサラダ。
野菜はジャガイモとエシャロットのみで、
魚介の味わいを生かしている。
高脂肪のクリームを加えて濃厚な味わいに仕上げる。

（つくり方→P.63）

浅利の漁師風

◆◆◆

パプリカをしっかりときかせてスペイン風に仕上げたひと皿。
材料を鍋に入れたら、フュメ・ド・ポワソンを加えて
強火で一気に加熱し、アサリのうまみを凝縮させるのがポイント。

(つくり方→ P.63)

スペルト小麦と魚介のリゾット
❖❖❖
スペルト小麦は小麦の古代品種で、
ナッツのような香ばしさと独特の風味がある。
鶏と魚介のだしで煮てしっかりとうまみを含ませ、
さらに魚介類と生クリームを加えて、濃厚な味わいに仕上げた。

(つくり方→ P.63)

メカジキのコンフィ オイルガーリック
◆◆◆

メカジキは大きな塊をコンフィにすることで、
ソテーやムニエルでは出せない、しっとりとした独特の食感が生まれる。
あらかじめ塩でマリネして、水分を少し抜いてから油で加熱するのがコツ。

（つくり方→P.64）

国産牛のタルタル
◆◆◆

肉は完全な生ではなく、真空調理であらかじめ火を通しておく。
ワインに合うように、コルニッション、ケッパーなどを
たっぷり加えて、酸味をしっかりときかせている。

（つくり方→P.64）

エイヒレのムニエル 焦がしバターソース

ニンニクやケッパーをきかせたコクのあるバターソースで
淡泊な味のエイヒレを、濃厚な味わいの一品に仕上げた。
フランス・ラングドックの地場品種で仕込んだリッチな白ワインと好相性。

（つくり方→ P.65）

仔羊のハンバーグ バジルペースト
◆◆◆
仔羊背脂のミンチも加えているので、仔羊らしい風味がしっかりと感じられるハンバーグ。
中にラクレットチーズを仕込んでいるため、味わいは濃厚で食べごたえも充分。
味わいが変化に富むカリニャンの赤ワインと。

（つくり方→ P.65）

"自家製"をつくろう ① パン／IJ

サイドアイテムにもひと工夫。
自家製パンでおもてなし

ライ麦パン

料理の脇役としてとらえられがちなパンも、自家製にすることで差別化のアイテムに。
IJでは、料理に添えるパンも、自店の厨房で焼いている。
パンは大きなポーションで焼いてカウンターの上に置き、オーダーごとに切り分ける。
ここでは、しっかりした味わいのビストロ料理に合うライ麦パンのレシピを紹介する。

■材料　1個分（40皿分）

強力粉　1350g
ライ麦粉（細挽）　150g
塩　24g
砂糖　54g
インスタントドライイースト　39g
ビール酵母　24g
水　900mℓ

1　強力粉とライ麦粉をボウルに入れ、塩、砂糖、インスタントドライイーストを加える。ビール酵母を水に溶かして一気に加える。

2　手でよく混ぜる。粉っぽさがなくなったらボウルから出して、作業台の上で約10分間こねる。

3　表面がなめらかになったら生地を丸めてボウルにもどし、ラップフィルムをかけて約1時間おく。25℃前後（室温）が適温なので、冬はボウルを温めたり、夏はワインセラーに置いたりして工夫する。

4　適度にふくらんだら作業台の上にとり出し、生地を叩いて平らにのばすようにしてガス抜きする。

5　再度、生地を丸めてボウルに入れ、ラップフィルムをかけて30分間おく。

6　ボウルから生地を出して作業台の上に置き、再度上から叩くようにガス抜きをする。楕円形にととのえて天板にのせる。大きな気泡があれば金串でつぶす。

7　大きめのボウルをかぶせて20分間室温でねかせる。

8　霧吹きで生地全体に水（材料外）をかけ、ライ麦粉（材料外）をふる。オーブンにあらかじめ水を張った天板を入れておき、その上の段に生地をのせた天板を差し入れて、220℃で15分間焼く。

9　焼きムラができないように天板の前後を入れ替えてさらに15分間焼く。最後に水が入った天板をとり出して10分間焼く。

"自家製"をつくろう ② ソーセージ／IJ

いま、ビストロ・バルでは、
自家製シャルキュトリーが大人気！

自家製ソーセージ

シャルキュトリー（食肉加工品）はIJでも人気が高く、
自家製ソーセージも注文数の多いメニューだ。
ソーセージは、腸詰め機がなくても、絞り出し袋を使って成形できる。
絞り出しやすくするためのコツは、
ファルス（詰めものにする生地）に生クリームを加えること。
限られた設備でも工夫次第でメニューの幅が広がる。

■材料　10皿分

豚挽肉　750g
豚バラ挽肉　750g
塩　22.5g
黒コショウ　3g
キャトル・エピス　4g
卵白　3個分
牛乳　300㎖
生クリーム　100㎖
豚の腸（塩漬け）　約5m
シュークルート　適量
粒マスタード　適量
白コショウ　適量
パセリ（みじん切り）　適量

1　豚挽肉と豚バラ挽肉をボウルに入れ、塩、黒コショウ、キャトル・エピスを加えて粘りが出るまで手で混ぜる。さらに卵白を2〜3回に分けて加え、よく混ぜる。

2　牛乳と生クリームを合わせ、2〜3回に分けて1に加える。

3　写真のように白っぽくなるまでよく混ぜる。生クリームを加えることによって、ファルスは絞り出しやすくなり、食感になめらかさが出る。

4　豚の腸を洗って約50㎝に切り分け、それぞれ片方の端を結ぶ。

5　口金をつけた絞り出し袋に3のファルスを詰める。空気が入るのを防ぐため、口金の先を腸の結び目まで差し入れてから、ファルスをゆっくりと絞り出す。

6　そのままファルスを絞り出し、計量する。1本180gに調整する。空気を入れないようにしながらファルスを詰めるのがポイント。

7　形をととのえて空気を抜き、腸の端を結ぶ。

8　落とし蓋をして、80℃の湯で15分間茹でる。

9　茹で上がり。冷蔵庫で1週間保存可能。オーダーが入ったら、フライパンで焼き色をつけ、200℃のオーブンで7分間加熱。シュークルートと粒マスタードを添え、白コショウとパセリをふって提供する。

イタリア産生ハムの盛り合わせ

(写真→ P.18)

◎リエット

■材料　120皿分

タマネギ　1.86kg
ヒマワリオイル　適量
ニンニクのコンフィ※　330g
ニンジン　600g
豚肩ロース肉　6kg
白ワイン　850㎖
豚背脂　約2.5kg
ブーケガルニ　適量
白コショウ　45g
塩　75g

※ニンニクのコンフィのつくり方は、次の通り。ニンニクの皮をむき、厚さ5mmに切って耐熱容器に入れ、オリーブオイルをひたひたに注ぎ、80℃前後のオーブンで色づかないようにやわらかくなるまで火を通す。

1　薄く切ったタマネギとヒマワリオイルを鍋に入れ、焦がさないように弱火でじっくりと炒め、タマネギが透き通ってきたら、ニンニクのコンフィを加える。
2　皮をむいて適当な大きさに切ったニンジンを加えて炒める。
3　豚肩ロース肉は5cm角に切り、焼き色がつかない程度に表面を焼き固めておく。
4　3を2に加え、肉に完全に火が通るまで炒め、白ワインを注いでアルコールを飛ばす。
5　豚背脂とブーケガルニを加えて沸かす。
6　蓋をして160℃のオーブンに入れ、4時間30分加熱する。
7　6をオーブンから出し、具材と煮汁に分ける。具材はバットにとり出して、ニンジンとブーケガルニをとり除く。煮汁は氷水をあてて冷まし、ポマード状にする。
8　やわらかくなった豚肩ロース肉をヘラで粗くつぶす。
9　8の半量と残りの具材の半量をミキサーに入れてよく混ぜる。煮汁の半量と白コショウ、塩の半量を加えて、ヘラでときどき上下を返しながら撹拌する。
10　残りの半量で同様の作業をくり返す。塩がよく溶け、空気がよく入るようにするために、熱すぎず、冷たすぎない温度を維持しながら作業を行う。
11　1.2kgずつラップフィルムに包んで保存する。

◎生ハムの盛り合わせ

■材料　1皿分

生ハム、コッパ、ミラノサラミ　各適量
コルニッション　適量
オリーブマリネ（ブラック、グリーン）※　適量
イタリアンパセリ（みじん切り）　適量

※オリーブマリネのつくり方は、下記参照。

1　ハム類を薄切りにし、適量を盛り合わせる。
2　上にコルニッション、オリーブマリネをのせ、イタリアンパセリをちらす。

◎オリーブマリネ

■材料　つくりやすい分量

ブラックオリーブ　800g
グリーンオリーブ　800g
ニンニクのコンフィ※　300g
ローリエ（ドライ）　4〜5枚
タイム　4g
ローズマリー（フレッシュ）　6枝
白ワイン　300㎖
ブラックオリーブの漬け汁　少量

※ニンニクのコンフィのつくり方は、「リエット」を参照。

1　ブラックオリーブはザルにあげて水けをきる。漬け汁はとっておく。
2　グリーンオリーブは水を数回変えて適度な味になるまで塩抜きする。熱湯で軽く茹でてもよい。
3　大きめの浅鍋にニンニクのコンフィ、ローリエ、タイム、ローズマリーを入れて弱火にかける。
4　ローリエとタイムに火が入ってきたら、ブラックオリーブ、グリーンオリーブを加えてよく炒める。
5　白ワインを注いでアルコールを飛ばし、1のブラックオリーブの漬け汁を少量加える。
6　火からおろして10分間そのままおき、空き瓶に入れて冷ます。同店ではコルニッションが入っていた瓶を使用。瓶と蓋はあらかじめアルコール消毒をしておく。

◎キャロットラペ

■材料　120皿分

ニンジン　10kg
塩　適量
ビネグレットソース※　700㎖
赤ワインビネガー　50㎖

※ビネグレットソースのつくり方
■材料　つくりやすい分量（仕上がり4.3ℓ）
Ⓐ ┌ エシャロット（適当な大きさに切る）　5個
　│ 白ワイン　300㎖
　│ 塩　60g
　│ 水　100㎖
　│ マスタード　120g
　└ 赤ワインビネガー　400㎖
オリーブオイル　600㎖
キャノーラオイル　2.8ℓ
白コショウ　適量

1　Ⓐの材料のそれぞれ⅓量をミキサーに入れ、撹拌する。
2　エシャロットがすりおろしたくらいの状態になったら、分量の⅓量のオリーブオイルとキャノーラオイルを3回に分けて加え混ぜる。混ぜすぎて乳化させないように注意すること。
3　仕上げに白コショウをふって適当な空き瓶に入れる。
4　1～3の作業をあと2回くり返す。

1　ニンジンの皮をむき、せん切りにする。
2　塩をふり、全体を混ぜて4～5時間おく。途中、30分おきによく混ぜる。
3　味を見て青くささがなくなったら、しっかりと水けをきる。
4　軽くほぐし、ビネグレットソース、赤ワインビネガーを回しかけてよく混ぜ、塩で味をととのえる。

◎グレック

■材料　60皿分

ニンニクのコンフィ※　350g
ローリエ（ドライ）　5枚
コリアンダーシード　50g
マスタードシード　10g
カイエンペッパー　2本
セロリ　1束
パプリカ（赤、黄など適宜）　8個
塩　適量
ズッキーニ　4本
レンコン　2節
ヤングコーン　24本
ニンジン　4本
タケノコ水煮　2節
ダイコン　1本
白ワイン　700㎖
白ワインビネガーⒶ　210㎖
グラニュー糖　145g
白バルサミコ酢　30㎖
白ワインビネガーⒷ　70㎖
塩　35g
上白糖　適量

※ニンニクのコンフィのつくり方は、「リエット」（P.48）を参照。

1　大きめの浅鍋にニンニクのコンフィ、ローリエ、粗めに砕いたコリアンダーシード、マスタードシード、カイエンペッパーを入れて弱火で加熱し、香りを出す。
2　火を強め、ザク切りにしたセロリ、種をとって短冊切りにしたパプリカを加えてソテーする。適量の塩を加えてやや濃いめに調味する。
3　野菜類を1種ずつ下茹でする。ズッキーニ、レンコン、ヤングコーン、ニンジン、タケノコ、ダイコンを食べやすい大きさに切って、順に歯ごたえが残るくらいの固さに茹でる。
4　ズッキーニを2に加えて炒め、白ワインを注いでアルコールを飛ばしてから、白ワインビネガーⒶ、グラニュー糖を加え、ひと煮立ちさせる。
5　他の野菜類も加えてひと煮立ちさせる。野菜類は歯ごたえを残すためひと煮立ちしたらとり出すが、レンコンとヤングコーンは30秒ほど長めに加熱する。
6　5の漬け汁を再度沸かし、白バルサミコ酢、白ワインビネガーⒷ、塩、上白糖で味をととのえる。
7　6に5の野菜を加えて急冷する。

ゴボウのフラン

(写真→ P.19)

■**材料　1皿分**

ゴボウフランのベース（下記は48皿分の分量）
ゴボウ　2kg
バター　200g
塩　適量
タマネギ　700g
マッシュルーム　700g
ブイヨン※1　1.7ℓ

ソース（下記は30皿分の分量）
ゴボウ　3kg（10本分）
バター　適量
エシャロット　200g（3個分）
タマネギ　50g（½個分）
塩　適量
マッシュルーム　1kg
バター　100g
強力粉　40g
牛乳　500mℓ
生クリーム（乳脂肪分38%）　500mℓ

ゴボウフラン
（口径5.6cm×深さ4.2cmの型1個分）
ゴボウフランのベース　110g
生クリーム（乳脂肪分38%）　50mℓ
牛乳　50mℓ
塩　適量
全卵　1個
卵黄　1個分
ショートニング　適量

ソースの仕上げ
ソース　50g
生クリーム（乳脂肪分38%）　適量
塩、白コショウ　各適量

仕上げ
タルト生地※2　1個分
パルメザンチーズ　適量
黒コショウ　適量
クレソン　適量

※1　ブイヨンのつくり方
■材料　つくりやすい分量（仕上がり7ℓ）
仔牛のスジ肉　4kg
老鶏　5kg
鶏ガラ　2kg
ニンジン（乱切り）　500g
タマネギ（乱切り）　500g
セロリ（乱切り）　100g
長ネギ（白い部分。乱切り）　300g
パセリの茎　50g
ブーケガルニ　1束
水　12ℓ
塩　10g

1　仔牛のスジ肉、老鶏、鶏ガラをブランシールし、脂やアクを水で洗い流す。
2　深鍋に**1**とその他の材料をすべて入れて強火で加熱する。煮立ったら弱火で5時間ミジョテする。
3　**2**を目の細かいシノワで静かに漉す。

※2　タルト生地のつくり方
■材料　口径5.6cm×深さ4.2cmの型30個分
バター　300g
強力粉　600g
卵液※　210mℓ
塩　3g

※卵液は、全卵3個と水を足して210mℓになるように調整する。

1　バターを5mm角に切り、強力粉とともにボウルに入れて冷凍庫で冷やす。
2　卵液と塩をよく混ぜ合わせてコシを切り、冷蔵庫で冷やす。
3　フードプロセッサーに**1**を入れて撹拌する。生地がさらさらとした状態になったら、**2**を加えて約10秒間回す。
4　ムラなく混ざったら生地をとり出し、力を入れて生地をまとめる。約180gずつに分け、それぞれをボール状にまとめ、冷蔵庫に入れて6時間以上ねかせる。
5　生地を厚さ約5mmにのばして型に敷き込み、タルトストーンを入れて170℃のオーブンで4～5分間焼く。

〈ゴボウフランのベースをつくる〉

1　ゴボウを厚さ約5mmに切る。浅鍋に分量の⅓量のバターを溶かしてゴボウを入れ、塩をふりながら弱火で炒める。蓋をして、繊維を感じなくなるまでじっくりと火を入れる。
2　タマネギは繊維に垂直に薄切りにし、分量の⅓量のバターとともに、弱火でやわらかくなるまで、焦がさないように炒める。
3　マッシュルームを厚さ約5mmに切る。フライパンを熱して残りのバターを入れ、マッシュルームを強火で炒める。
4　**2**と**3**を**1**の浅鍋に入れ、ブイヨンを加えて30分間加熱する。
5　**4**をミキサーで撹拌して漉す。バットに流して冷凍し、その後110gずつに分けて冷凍保存する。

〈ソースをつくる〉

6 ゴボウを粗みじんに切って適量のバターで炒める。

7 エシャロット、タマネギをみじん切りにし、別の鍋で焦がさないように弱火で炒めて甘みと香りを出す。**6**のゴボウを加えてさらに炒め、塩で調味する。

8 粗みじんに切ったマッシュルームを**7**に加えて火を通す。

9 バターを加え、溶けたら火からおろし、強力粉を加えて再度火にかけ、粉けがなくなるまで炒める。

10 温めた牛乳と生クリームを**9**に注ぎ、蓋をして20分間弱火で加熱する。

11 150gずつ小分けにして冷凍しておく。

〈ゴボウフランをつくる〉

12 オーダーが入ったら、ゴボウフランのベースを鍋に入れ、生クリーム、牛乳を加えて沸かし、塩で味をととのえる。

13 全卵と卵黄を合わせてコシを切るように溶き、**12**に2～3回に分けて加える。

14 型の内側にショートニングをぬり、**13**を流して湯煎で180℃のオーブンに入れて8分間加熱する。

〈ソースの仕上げ〉

15 ソースを準備する。冷凍保存しておいた**11**のソースを小鍋で温める。生クリームを加え、塩、白コショウで味をととのえる。

〈仕上げ〉

16 タルト生地に**14**のゴボウフランをのせ、**15**のソースをかける。パルメザンチーズと黒コショウをかけ、クレソンを添えて提供する。

ムースフリット

(写真→ P.20)

■材料　30皿（120個）分

パプリカ（赤、黄など適宜）　4個
ブラックタイガー（むき身）　1.4kg
ホタテ貝柱　800g
白身魚のすり身　1kg
卵白　800g
生クリーム（乳脂肪分38％）Ⓐ　500ml
生クリーム（乳脂肪分38％。8分立て）Ⓑ　500ml
カイエンペッパー（パウダー）　適量
塩　約21g
マヨラビ※1　適量
カレー塩※2　適量

※1 マヨラビのつくり方
　■材料　15皿分
　ケッパー　10g
　コルニッション　60g
　クレームエペス（乳酸発酵クリーム）　30g
　マヨネーズ　60g
　白コショウ　適量

　1 ケッパー、コルニッションの水けをきり、粗みじんに切る。
　2 **1**とクレームエペス、マヨネーズを混ぜ合わせ、白コショウで味をととのえる。

※2 カレー塩は、カレー粉に塩を加えて軽く炒ったもの。

1 調理にとりかかる前に、使う道具類をアルコールで消毒しておく。

2 パプリカは5～6mmの角切りにして下茹でし、冷ましておく。

3 ブラックタイガーは、分量のうち400gを下茹でして5～6等分に切る。

4 残りのブラックタイガーとホタテ貝柱は、水けをよくきって冷やしておく。

5 **4**の水けを再度よくきって、白身魚のすり身とともにフードプロセッサーに入れ、なめらかになるまで撹拌する。

6 卵白を加えて撹拌し、生クリームⒶを加えて全体が均一に混ざるまで撹拌する。

7 **6**を氷水にあてたボウルに入れ、8分立てにした生クリームⒷ、**2**のパプリカ、**3**のブラックタイガー、カイエンペッパー、塩を加える。つやがなくなり、白っぽくなるまでヘラでよく混ぜる。

8 **7**を45gずつに分け、ラップフィルムで包んで、電子レンジで4分間加熱し、冷凍保存しておく。

9 オーダーが入ったら、**8**を180℃の油（材料外）で表面がキツネ色になるまで揚げ（1皿4個）、マヨラビ、カレー塩を添えて提供する。

ラザニア

(写真→ P.21)

■材料　30皿分

ボロネーゼ（下記はつくりやすい分量）
合挽肉　10.5kg
塩、黒コショウ　各適量
薄力粉　適量
サラダオイル　適量
ニンニク（みじん切り）　大さじ5
赤ワイン　500mℓ
ソフリット※1　4kg
ローリエ（ドライ）　2枚
ホールトマト　5.1kg

ラグーソース
ボロネーゼ　2.82kg
ホールトマト　1.4kg

ベシャメルソース
バター　428g
強力粉　386g
牛乳　4.28ℓ
塩　適量

仕上げ
ラザニア（パスタ）※2　40枚
塩　14g
黒コショウ　適量
ナチュラルチーズ（溶けるタイプ）　適量

※1　ソフリットは、刻んだタマネギ、ニンジン、セロリを4：2：1の割合で合わせて、甘みが出るまで炒めたもの。セロリがない場合は入れなくてもよい。タマネギ1：ニンジン1の割合でもよい。

※2　ラザニアはバリラ社の製品を使用。下茹でをせずにそのまま焼き込める。

〈ボロネーゼをつくる〉

1　合挽肉をバットに均一に広げ、塩、黒コショウで調味し、薄力粉をふりかける。

2　フライパンにサラダオイルをひき、**1**を入れてカリッとなるまで炒める。

3　鍋にサラダオイルをひいてニンニクを入れ、色づくまで弱火でじっくりと炒める。

4　**3**の鍋に**2**を加え、赤ワインを注いでアルコールを飛ばす。

5　ソフリット、ローリエ、つぶしたホールトマトを加えて40分間煮込む。

〈ラグーソースをつくる〉

6　ボロネーゼを鍋で温める。焦げやすいので、できるだけ弱火で行う。

7　**6**が充分に温まったら、ミキサーにかけたホールトマトを加えて焦がさないよう加熱する。

〈ベシャメルソースをつくる〉

8　別の鍋でバターを熱して溶かし、火を止めて強力粉を入れる。

9　再度火をつけて、沸かした牛乳を一気に加えて泡立て器でよく混ぜる。ヘラも使って、鍋底もきれいに混ぜる。

10　コンロと鍋の間に鉄板を置き、極弱火で20分間加熱する。塩で調味する。

〈仕上げ〉

11　ラザニアを組み立てる。バットにバター（材料外）をひき、ベシャメルソースを入れる。その上に、パスタ、ラグー、ベシャメルソースを順に重ね、これを計3回くり返し、最後にナチュラルチーズをふる。

12　**11**を280℃のオーブンに入れ、7分間焼く。

13　焼き上がったら粗熱をとり、300gずつに切り分けてグラタン皿に入れ、冷蔵保存する。オーダーが入ったら、再度温めて提供する。

仔羊の瞬間スモーク

(写真→ P.22)

■材料　1皿分

サラダオイル　適量
仔羊背肉　骨3本分
スモークチップ（桜）　適量
野菜類の付合せ
　┌ ロマネスコ、ブロッコリー、ソラマメ（フランス産）、
　│　オクラ、アスパラガス、カブ、レンコン、
　│　長イモ、ニンジン　各適量
　│ ニンニクのコンフィⒶ※1　適量
　│ オリーブオイル　適量
　│ ローズマリー　2g
　│ エシャロット（みじん切り）　10g
　└ 塩、黒コショウ　各適量
ラタトゥイユ※3　適量
ニンニクのコンフィⒷ※2　適量
E.V. オリーブオイル　適量
バルサミコ酢　適量
ローズマリー（フレッシュ）　1枝
レモン（くし形切り）　1片
ディジョンマスタード　適量

※1　ニンニクのコンフィⒶのつくり方は、「リエット」（P.48）を参照。

※2　ニンニクのコンフィⒷは、ニンニクを小房に分けて皮つきのまま80℃のオリーブオイルに入れ、竹串がすっと入るまで火を通したもの。

※3　ラタトゥイユのつくり方
　■材料　60皿分
　ズッキーニ　4kg
　パプリカ（赤）　3kg
　ナス　500g
　オリーブオイル　適量
　タマネギ　3kg
　ニンニク　100g
　タイム（ドライ）　適量
　ローリエ（ドライ）　3枚
　トマトピュレ　80g
　ホールトマト　200g
　赤ワイン　50ml
　塩　適量

1　ズッキーニ、パプリカ、ナスは乱切りにし、あらかじめ適量のオリーブオイルで炒めておく。タマネギも乱切りにしておく。
2　鍋にみじん切りにしたニンニクを入れ、適量のオリーブオイルで炒める。香りが出たらタマネギを加えて炒め、タイムを入れる。
3　タマネギが透き通ってきたら、1のズッキーニを加えて炒め、次にパプリカを加えて炒める。ローリエ、トマトピュレ、ホールトマト、赤ワインを加える。
4　落とし蓋をして煮込む。仕上がりの直前に1のナスを加えて軽く煮てから、塩で味をととのえる。

1　サラダオイルをフライパンに入れて熱し、仔羊背肉を焼く。表面に焦げ目がついたら、火からおろしてやすませる。
2　ココット鍋にスモークチップを敷き、加熱する。煙が出てきたら、くしゃくしゃにしたアルミホイルを入れて1をのせ、サービススタッフが客席に運び、燻製の過程をお客に見せる。
3　厨房に持ち帰り、蓋をして15分間おく。
4　1の作業と並行して、野菜類の付合せを準備する。適宜に切った野菜とニンニクのコンフィⒶをオリーブオイルで炒める。ローズマリーとエシャロットのみじん切りを加え、塩、黒コショウで味をととのえる。
5　4を皿に盛る。3の肉を切り分け、その上にのせる。
6　ラタトゥイユを盛り合わせ、ニンニクのコンフィⒷをのせる。
7　E.V. オリーブオイルとバルサミコ酢をかけ、ローズマリーとくし形に切ったレモン、ディジョンマスタードを添えて提供する。

ラ・ピヨッシュ

いのししのパテとイチジク

（写真→ P.24）

■材料　30cm×9cm×高さ8cmのテリーヌ型3台分

猪肉（スネ肉や端肉）※1　3.8kg
豚背脂※2　1.2kg
調味料
├ 塩　64g
├ 黒コショウ　6g
├ キャトル・エピス　6g
├ ブランデー　50㎖
├ ポルト酒　50㎖
├ タイム（フレッシュ）　適量
└ ローリエ（ドライ）　適量
全卵　6個
ニンニク　2片
タマネギのソテー※3　2個分
キノコ（シャントルジョーヌ茸）のソテー※4　200g
イチジク　適量

※1　猪肉は、枝肉を仕入れており、パテには掃除したときに生じる端肉も使っている。

※2　豚背脂は、猪肉と合わせて5kgになるように調整する。猪肉の脂ののり具合によって加減する。

※3　タマネギのソテーは、皮をむいてみじん切りにしたタマネギを少量のサラダオイルで茶色く色づくまで炒めたもの。

※4　キノコのソテーは、シャントルジョーヌ茸を少量のサラダオイルで炒めたもの。

1　猪肉と豚背脂を3cm角に切る。調味料を加えて冷蔵庫に入れてひと晩マリネする。
2　**1**をミートミンサーで挽く。
3　全卵、すりおろしたニンニク、タマネギのソテーを加えてよく混ぜる。さらにキノコのソテーを加えて混ぜ、テリーヌ型に詰める。
4　**3**を180℃のオーブンで2時間、湯煎で焼く。
5　粗熱がとれたら氷水にあてて冷やし、冷蔵庫に入れて5日間ねかせる。
6　オーダーが入ったら**5**をカットし、6等分のくし形に切ったイチジクを添えて提供する。

サバのマリネ

（写真→ P.25）

■材料　3皿分

サバ　1尾
塩　適量
オレンジ風味のアップルビネガー※1　適量
紫キャベツの酢漬け※2　適量
オレンジの房　適量（1皿約12個）
E.V. オリーブオイル　適量
グリーンペッパー　適量
ディル　適量

※1　オレンジ風味のアップルビネガーは、市販のアップルビネガーにオレンジの皮を漬け込んだもの。

※2　紫キャベツの酢漬けは、紫キャベツを適量の塩、砂糖、ワインビネガーでマリネしたもの。

1　サバは3枚におろし、腹骨をとる。
2　塩を全体にまぶし約90分間おく。おく時間はサバの脂ののり具合や身の大きさで調整する。
3　ボウルに水を張って塩をよく洗い流す。
4　バットに入れ、オレンジ風味のアップルビネガーをひたひたに注いで約90分間おく。
5　紫キャベツの酢漬けを皿に敷き、小房に分けて皮をむいたオレンジをちらす。
6　サバの水けをふきとり、血合い骨を抜き、皮をひいて薄切りにする。
7　**6**を**5**に盛りつけ、E.V. オリーブオイル、粗く砕いたグリーンペッパーをかけ、ディルをちらす。

白子のフリット

(写真→ P.25)

■材料　1皿分

シトロンビネガーのビネグレットソース
　　適量（下記はつくりやすい分量）
　┌ ディジョンマスタード　30g
　│ 塩　5g
　│ サラダオイル　300㎖
　└ シトロンビネガー　80㎖
白子（マダラ）　約300g
卵液※　280㎖
薄力粉　150g
塩　適量
サラダオイル　適量
レタス　適量
春菊　適量
ビーツ　適量

※卵液は、全卵1個と水を足して280㎖になるように調整する。

1　シトロンビネガーのビネグレットソースをつくる。ディジョンマスタードと塩をボウルに入れてよく混ぜる。サラダオイルとシトロンビネガーを少量ずつ、交互に加えて乳化させる。
2　白子の汚れや筋をとって約40gずつに小分けし、塩と白ワイン（材料外）を加えた湯に入れて軽く湯通しする。粗熱をとって冷蔵庫に入れておく。
3　衣を準備する。卵液に薄力粉を加えてよく混ぜておく。
4　オーダーが入ったら、白子に塩を軽くふって**3**の衣をつける。
5　180℃のサラダオイルで約5分間揚げて塩をふる。
6　適当な大きさに切ったレタスと春菊を皿に盛り、**1**のビネグレットソースをかける。
7　薄切りにしたビーツをあしらい、**5**の揚げた白子を盛りつける。

自然派サラダ

(写真→ P.26)

■材料　1皿分

赤ワインビネガーのビネグレットソース
　　適量（下記はつくりやすい分量）
　┌ ディジョンマスタード　140g
　│ 塩　30g
　│ 白コショウ　10g
　│ サラダオイル　1.2ℓ
　└ 赤ワインビネガー（バニュルスビネガー）　300㎖
葉野菜（ルッコラ、ミズナ、赤ミズナ、ワサビ菜、トレビス）　適量
スティックセニョール　2本
マッシュルーム　3個
黒丸ダイコン（薄切り）　4枚
トマト　1/2個
ニンジン　1/4本
ラディッシュ　2個
コリンキー　適量
ソウメンカボチャ　適量
E.V. オリーブオイル　適量
塩　適量

1　赤ワインビネガーのビネグレットソースをつくる。ディジョンマスタード、塩、白コショウをボウルに入れてよく混ぜる。サラダオイルと赤ワインビネガーを少量ずつ、交互に加えて乳化させる。
2　洗って水けをきった葉野菜を**1**のビネグレットソースで和える。
3　スティックセニョールは茹でる。マッシュルームは軸を少し切って縦に薄切りにする。黒丸ダイコンは皮ごと薄切りにする。トマトはざく切り、ニンジンは皮ごと縦に薄切りにする。ラディッシュとコリンキーは薄切りに、ソウメンカボチャは軽く茹でてほぐしておく。これらをE.V. オリーブオイルと塩で和える。
4　器に**2**を盛り、その上に**3**をのせ、**1**のビネグレットソースをかける。

シュークルート ピヨッシュ風

(写真→ P.27)

■材料　1皿分

シュークルート　適量（下記はつくりやすい分量）
キャベツ　5kg（5～6個分）
塩　10g（キャベツの重量の2%）
ジュニパーベリー　適量

ソーセージ　1本（下記はつくりやすい分量）
Ⓐ ┌ 豚肩肉・スネ肉　2kg
　│ 豚ノド肉　200g
　│ 塩　44g
　│ 黒コショウ　適量
　│ キャトル・エピス　適量
　└ コーンスターチ　120g
Ⓑ ┌ 豚バラ肉　2.6kg
　│ 塩　32g
　│ 黒コショウ　適量
　│ キャトル・エピス　適量
　└ コーンスターチ　120g
クラッシュアイス　400g
コーンスターチ　120g
タマネギのソテー※1　1個分
ニンニク　2片
豚の腸（塩漬け）　適量

豚スネ肉の煮込み
┌ 豚スネ肉　1/2切れ
│ セル・コンポゼ※2　豚スネ肉の重量の2.5%
│ 白コショウ　適量
│ タイム（フレッシュ）　適量
│ ローリエ（ドライ）　適量
│ 白ワイン　適量
│ ミルポワ（タマネギ、ニンジン、セロリ）　適量
└ 塩　適量

仕上げ
ディジョンマスタード　適量

※1　タマネギのソテーのつくり方は、「いのししのパテとイチジク」（P.54）を参照。

※2　セル・コンポゼは、塩1kgに砂糖300gを混ぜてつくる。

〈シュークルートをつくる〉

1　スライサーでキャベツをせん切りにしてから洗う。
2　水けをきり、キャベツの重量の約2%の塩と、ジュニパーベリーを加えてよく混ぜる。
3　プラスチック製などの容器に入れ、キャベツを直におおうようにラップフィルムをかけてワインセラー（11℃前後）で2週間ねかせる。その間、1回混ぜる。

〈ソーセージをつくる〉

4　Ⓐの豚肩肉・スネ肉、豚ノド肉を1cm角に刻み、塩、黒コショウ、キャトル・エピスをまぶしてから、コーンスターチをまぶす。冷蔵庫でひと晩ねかせる。
5　Ⓑの豚バラ肉を7～8mm角に刻み、塩、黒コショウ、キャトル・エピスをまぶしてから、コーンスターチをまぶす。これも冷蔵庫でひと晩ねかせる。
6　**4**にクラッシュアイスとコーンスターチを加え、フードプロセッサーにかけてなめらかになるまで撹拌する。
7　**5**にタマネギのソテーとすりおろしたニンニクを加えて混ぜ、**6**と合わせて混ぜる。
8　肉を詰める豚の腸を準備する。豚の腸は水にさらして塩抜きをし、軽く絞ってソーセージフィラーにセットする。
9　**7**を豚の腸に250gずつ詰め、タコ糸で縛る。
10　ワインセラーのエアコンの吹き出し口など、風のあたる場所に**9**を下げて表面を乾かしながら2日間おく。
11　**10**を80℃の湯で25分間茹でる。

〈豚スネ肉の煮込みをつくる〉

12　豚スネ肉にセル・コンポゼ、白コショウ、タイム、ローリエをよくまぶし、冷蔵庫で1週間ねかせる。
13　湯に白ワイン、ミルポワ、塩を加えて**12**を入れ、弱火で約3時間煮る。煮汁はとっておく。

〈仕上げ〉

14　オーダーが入ったら、シュークルートを水で軽く洗い、鍋に入れる。
15　**13**の煮汁を足し、豚スネ肉を加えて温める。
16　**11**のソーセージは炭火でほどよい焦げ目がつくまで焼き、**15**とともに皿に盛り合わせる。ディジョンマスタードを添えて提供する。

フルール・ド・オーブラック牛の炭火焼き　約500g

(写真→P.28)

■材料　1皿分

牛リブロース肉（フルール・ド・オーブラック）　500g
ジャガイモ　2個
サラダオイル　適量
塩　適量
タマネギ　1個
キャベツ　⅛個
塩、黒コショウ（仕上げ用）　各適量
岩塩　適量

1　牛リブロース肉は焼く前に冷蔵庫から出して室温にもどしておく。
2　ジャガイモは皮ごと茹でて半分に切り、フライパンに多めのサラダオイルを入れて表面を香ばしく焼く。
3　オーダーが入ったら、**1**の牛リブロース肉に塩をふり、炭火で焼く。
4　**2**のジャガイモをオーブンに入れて温める。タマネギは皮ごと半分に切り、炭火で焼き色をつけてから、オーブンに入れて中まで火を通す。
5　キャベツは炭火で焼く。
6　**3**の牛リブロース肉と**4**のジャガイモ、**5**のキャベツを皿に盛り合わせる。ジャガイモとキャベツに軽く塩をふり、肉に塩、黒コショウをふる。岩塩を添えて提供する。

青首鴨の炭火焼き

(写真→P.29)

■材料　1皿分

青首鴨（フランス・ロワール産）　1羽
塩　適量
長ネギ（下仁田ネギのように太いもの）　1本
セルフィーユの根　½個
岩塩　適量

1　青首鴨は、羽をむしってからうぶ毛をバーナーであぶり、内臓を出して鎖骨をとっておく。
2　焼く前に室温にもどしておく。塩をふって炭火で表面を焼き、ホイルに包んでやすませておく。
3　長ネギは、炭火で焦げ目をつけてから、ホイルに包んで蒸し焼きにする。
4　セルフィーユの根は、ホイルに包んで炭火で蒸し焼きにする。
5　**2**の鴨を、ムネ肉、モモ肉、ササミ、手羽肉に切り分けて皿に盛る。**3**と**4**を盛り合わせて岩塩を添える。

炙りしめ鯖とじゃがいも

(写真→P.30)

■材料 3〜4皿分

サバ 1尾
塩 適量
白ワインビネガー 適量
フランボワーズビネガー 適量
タマネギのコンフィ 適量（以下はつくりやすい分量）
┌ タマネギ 3個
│ 白ワイン 適量
│ コリアンダーシード 8〜10粒
│ フェンネルシード 8〜10粒
└ ディル 2〜3本
ジャガイモ（メークイン） 2個
塩、黒コショウ 各適量
塩（仕上げ用。フルール・ド・セル） 適量
ライム 適量
パセリ 適量
オリーブオイル 適量

1 サバを3枚におろし、中骨、腹骨をとり、小骨を抜く。塩を全体にふり、10分間おく。
2 白ワインビネガーとフランボワーズビネガーを3：1で合わせ、水けをふきとった**1**を入れ、キッチンペーパーをのせて2時間〜2時間半おく。
3 タマネギのコンフィをつくる。薄切りにしたタマネギに白ワインをひたひたに注ぎ、コリアンダーシード、フェンネルシード、ディルを入れ、弱火でじっくりと火を入れる。
4 ジャガイモ1個を小鍋に入れ、水（材料外）、塩を加えて200℃のオーブンで20〜30分間蒸す。皮をむき、厚さ5mmにスライスする。
5 もう1個のジャガイモをスライサーで薄くスライスし、塩、黒コショウをしてカリッと揚げる。
6 2のサバの皮をひき、表面をバーナーであぶる。
7 器に**4**の蒸したジャガイモを盛り、**3**のタマネギのコンフィ、**5**の揚げたジャガイモ、**6**のサバの順に重ねる。仕上げに塩をふってライムを絞り、パセリのみじん切り、オリーブオイルをふる。

サンマのテリーヌ バルサミコソース

(写真→P.31)

■材料 30cm×11cm×高さ8cmのテリーヌ型1本分

サンマ 14尾
肝ソース
┌ サンマの肝 14尾分
│ 白ワイン 適量
│ 黒コショウ 適量
└ アンチョビペースト 少量
バルサミコソース（バルサミコ酢を煮詰めたもの） 適量
塩（フルール・ド・セル）、黒コショウ 適量

1 サンマは3枚におろし、骨をとり除く。肝はとりおく。
2 肝の薄皮と血をとり除き、白ワイン、黒コショウ、アンチョビペーストを混ぜて肝ソースをつくる。
3 サンマの皮目に肝ソースをぬり、200℃のオーブンで3分30秒間、中がレアに仕上がるように焼く。
4 テリーヌ型に**3**のサンマを、皮目を下にして並べ、重石をして氷水をあて、半日冷やす。
5 型を外して1cm幅に切り、器の中心に盛る。バルサミコソースをかけ、塩、黒コショウをふる。

季節野菜のエチュベ

(写真→P.31)

■材料 1皿分

澄ましバター 適量
┌ キャベツ 1/10個
│ カブ 1/4個
│ 葉つきニンジン 1本
│ 加賀レンコン 1〜2切れ
Ⓐ ブロッコリー、カリフラワー 各小房1個
│ サツマイモ（紅きらら。薄切り） 1枚（15〜20g）
│ 栗カボチャ（恋するマロン。薄切り） 1枚（15〜20g）
└ 紅芯ダイコン（薄切り） 1枚
塩（フルール・ド・セル） 適量
ホウレン草 1本
生ハム 10g
岩塩、黒コショウ 各適量

1 小鍋に澄ましバターをぬり、Ⓐの野菜を入れ、岩塩をふる。差し水（材料外）をして蓋をし、200℃のオーブンで10分間蒸し焼きにする。
2 オーブンからとり出してホウレン草と生ハムを加え、オーブンにもどしてさらに5分間ほど火を入れる。
3 塩、黒コショウをふって提供する。

ヒイカのスミ煮

(写真→ P.32)

■材料　1皿分

トマトソース　60g（下記はつくりやすい分量）
├ オリーブオイル　適量
├ タマネギ（みじん切り）　1個
├ ニンジン（みじん切り）　1/4本
├ セロリ（みじん切り）　1/4本
├ ニンニク（みじん切り）　3片
├ ホールトマト　2.5kg
└ 塩　適量
スミ煮のベース
├ イカスミ　小さじ1/2
└ 白ワイン　大さじ1
ヒイカ　6杯
塩　適量
黒コショウ　適量
オリーブオイル　適量
白ワイン　適量
パセリ　適量
カイエンペッパー（パウダー）　適量

1　トマトソースをつくる。鍋にオリーブオイルを入れて熱し、みじん切りにしたタマネギ、ニンジン、セロリを炒め、ソフリットをつくる。別の鍋でオリーブオイルを熱してニンニクを炒め、香りが出たらソフリット、つぶしたホールトマトを加えて30分間ほど煮る。塩で味をととのえ、漉し器で漉す。
2　スミ煮のベースをつくる。イカスミを白ワインでのばす。
3　ヒイカは目、口、軟骨をとり、塩、黒コショウをふり、オリーブオイルをひいたフライパンでソテーする。白ワインを加えてフランベし、トマトソースを加えて軽く煮込む。
4　**2**のスミ煮のベースを加え、なじませる。
5　器に盛り、パセリのみじん切り、カイエンペッパーをふる。

栗と白インゲンのカスレ

(写真→ P.32)

■材料　15皿分

白インゲンマメ　500g
ベーコン　50g
タマネギ　中1個
ニンジン　中1/2本
ラード　適量
水　適量
塩、黒コショウ　各適量
鴨のジュ※　大さじ3
茹でグリ
├ むきグリ　500g
├ 水　適量
├ 塩　3g
└ 砂糖　5g
ベーコン（仕上げ用）　2切れ
パセリ　適量

※鴨のジュは、「鴨のコンフィ」をつくる際に出る肉汁を使用。

1　白インゲンマメは水（材料外）に半日以上浸けてもどす。
2　ベーコン、タマネギ、ニンジンを5mm角に切る。
3　鍋にラードを入れて熱し、**2**を炒める。タマネギが透き通ってきたら、ひたひたの水と塩、黒コショウ、鴨のジュを入れ、白インゲンマメを加える。白インゲンマメがやわらかくなるまで煮る。
4　茹でグリをつくる。むきグリを鍋に入れ、塩、砂糖、ひたひたの水を加えて15分間ほど茹でる。
5　**3**の鍋に**4**の茹でグリを加え、ひと煮立ちさせて味を含ませる。
6　器に盛り、炭で焼いたベーコンをのせ、パセリのみじん切りをふる。

色々キノコのドフィノワ

（写真→ P.33）

■材料　4皿分

舞茸　約100g（1パック）
マッシュルーム　6〜8個
トランペット茸（乾燥）　カップ1/4
セップ茸（乾燥）　カップ1/4
オリーブオイル　適量
エシャロット（みじん切り）　20g
ジャガイモ（メークイン。下茹でして薄切りにしたもの）
　2〜3枚
生クリーム　200ml
牛乳　200ml
パルミジャーノ・レッジャーノチーズ　適量
シュレッドチーズ　適量
パセリ　適量

1　舞茸、マッシュルームを適当な大きさに切り、舞茸の軸はみじん切りにする。トランペット茸、セップ茸は水でもどし、水けをきる。もどした汁はとりおく。
2　フライパンにオリーブオイルを入れて熱し、舞茸の軸を除いた**1**を加えて炒める。しんなりしたら、エシャロットを加えて炒め合わせる。
3　**1**のもどし汁適量と舞茸の軸を火にかけ、煮詰める。
4　ジャガイモは皮ごと茹でて皮をむき、スライスする。
5　生クリームと牛乳を鍋に入れて煮詰め、ジャガイモを加え、**2**とパルミジャーノ・レッジャーノチーズ、**3**を加える。
6　耐熱容器に入れてシュレッドチーズをのせ、200℃のオーブンで7〜8分間焼く。チーズが溶けたらオーブンから出し、仕上げにバーナーで表面に焼き色をつける。パセリのみじん切りをふる。

メカジキのグリル　ラタトゥイユ添え

（写真→ P.34）

■材料　1皿分

ラタトゥイユ　適量（下記は15皿分の分量）
┌オリーブオイル　適量
│ニンジン　2本
│タマネギ　2個
│ニンニク　3片
│ズッキーニ　2本
│ナス　8本
│パプリカ（赤、黄）　各1個
│白ワイン　適量
│トマトソース※　700g
│コンソメ（市販品を使用）　60ml
│醤油　大さじ2
│バジル（ドライ）　適量
│エルブ・ド・プロヴァンス　適量
│塩　適量
└白コショウ　適量
メカジキ　200g
塩水（塩分5％）　適量
オリーブオイル　適量
ニンニク　2片
ローズマリー（フレッシュ）　3本
塩（フルール・ド・セル）　適量

※トマトソースのつくり方は、「ヒイカのスミ煮」（P.59）を参照。

1　ラタトゥイユをつくる。鍋にオリーブオイルを入れて熱し、2cm角に切ったニンジンとタマネギを加えて炒める。さらに、ニンニク、2cm角に切ったズッキーニ、ナス、パプリカの順に加えて炒める。
2　白ワインを加えてアルコールを飛ばし、トマトソース、コンソメ、醤油、バジル、エルブ・ド・プロヴァンス、塩、白コショウを加えて20分間煮込む。
3　メカジキは5％の塩水に15分間浸け、下味をつける。
4　耐熱容器にオリーブオイルとニンニク、ローズマリーを入れて火にかける。40〜50℃前後になったらメカジキを入れ、芯温が45℃になるまで火を入れる。
5　メカジキをとり出し、グリルパンで両面に焼き目をつける。
6　**2**のラタトゥイユを温めて器に盛り、メカジキをのせる。塩、オリーブオイルをふる。

ステーキフリット 牛ハラミのステーキ マルシャン・ド・ヴァン・バター

(写真→ P35)

■材料　20皿分

マルシャン・ド・ヴァン・バター
　　　400g（下記はつくりやすい分量）
┌オリーブオイル　適量
│エシャロット（みじん切り）　150g
│赤ワイン　1ℓ
│バター　900g
└塩　16g
牛ハラミ　4kg
ニンニク（薄切り）　4枚
オリーブオイル　適量
フライドポテト　4kg
クレソン　適量

1　マルシャン・ド・ヴァン・バターをつくる。オリーブオイルを熱した鍋にエシャロットを入れて炒め、透き通ったら赤ワインを加えて水分がなくなるまで煮詰める。充分に冷ましてから、室温にもどしたバターを加えて混ぜ、塩で味をととのえる。ラップフィルムにとり、棒状に成形する。
2　牛ハラミは180〜200gにカットし、ニンニクとオリーブオイルで半日間マリネする。オーダーが入ったら炭火でミディアムレアに焼き上げる。
3　フライドポテトを揚げる。
4　器に**3**を盛り、**2**を食べやすい大きさにカットして盛る。**1**をカットしてのせ、クレソンを飾る。

牛ホホ肉の赤ワイン煮

(写真→ P.36)

■材料　12〜13皿分

牛ホホ肉　2kg
マリネ液
┌赤ワイン　適量（材料が浸る程度）
│ニンジン（薄切り）　1本
│タマネギ（薄切り）　1個
│セロリ（薄切り）　1本
└パセリの茎　3本
塩　適量
黒コショウ　適量
薄力粉　適量
オリーブオイル　適量
赤ワイン　適量
ジャガイモのピュレ　適量（下記はつくりやすい分量）
┌ジャガイモ　2kg
│バター　70g
│牛乳　200mℓ
│生クリーム　200mℓ
└塩　適量
ハチミツ　適量

1　牛ホホ肉はほどよくスジを残して掃除し、赤ワインにニンジン、タマネギ、セロリ、パセリの茎を入れたマリネ液に2〜3日間浸ける。牛ホホ肉と野菜をとり出して水けをきり、残ったマリネ液は鍋に移す。
2　**1**の牛ホホ肉に塩、黒コショウをふり、薄力粉をつけて、オリーブオイルを熱したフライパンで軽くソテーする。両面に焼き色をつけたら、マリネ液を入れた鍋に入れる。野菜も同様にフライパンで軽くソテーして、鍋に入れる。
3　赤ワインをひたひたになるまで加え、3時間ほど煮る。途中、アクをこまめにとりながら、肉に串がスッと入るまで煮込む。
4　ジャガイモのピュレをつくる。ジャガイモを皮ごと茹でて皮をむき、つぶして裏漉しする。バターとともに鍋に入れて火にかけ、牛乳と生クリームを加えてのばし、なめらかな状態にする。塩で味をととのえる。
5　**3**の煮汁を1皿分20mℓほどとり分け、ソースとする。鍋に煮汁とハチミツを少量加えて温める。
6　器の中心に温めた**4**をのせ、1皿分90gにカットした**3**の肉をのせる。**5**のソースをかける。

ティアン・ド・レギューム

（写真→ P.37）

■材料　1皿分

タマネギ　60g
ジャガイモ　80g
ズッキーニ（黄、緑）　80g
トマト　80g
タイム（フレッシュ）　適量
塩（フルール・ド・セル）　適量
E.V. オリーブオイル　適量

1　タマネギを厚さ1cmにスライスする。フライパンにオリーブオイルを入れて熱し、スライスしたタマネギを入れ、透き通るまでソテーする。
2　ジャガイモはあらかじめ蒸しておく（茹でてもよい）。
3　**2**のジャガイモと、ズッキーニ、トマトを厚さ1.5cmに切る。
4　**1**のタマネギ、**3**のジャガイモ、ズッキーニ、トマトをオーブン皿に重ねて入れる。タイム、塩、E.V. オリーブオイルをかけ、250℃のオーブンで15分間焼く。

トマト！　トマト！！　トマト！！！

（写真→ P.38）

■材料　1皿分

マスタードドレッシング　30㎖（下記はつくりやすい分量）
┌シェリービネガー　180㎖
　白ワイン　50㎖
　レモン果汁　50㎖
　オリーブオイル　400㎖
　ディジョンマスタード　80g
　エシャロット（みじん切り）　1個
　塩　10g
└白コショウ　適量
大玉トマト　80g
中玉トマト　50g
ミニトマト　10g
タマネギ　20g
インゲンマメ　15g
メカジキのコンフィ（身をほぐして使用）※　10g
マヨネーズ　10g
ゆで卵（みじん切り）　3g
パセリ（みじん切り）　適量
E.V. オリーブオイル　適量
黒コショウ　適量

※メカジキのコンフィのつくり方は、「メカジキのコンフィ　オイルガーリック」（P.64）を参照。

1　マスタードドレッシングは、材料を混ぜ合わせて、あらかじめ仕込んでおく。
2　トマト3種はくし形切り、タマネギは皮をむいて薄切りにする。インゲンマメは、茹でて適当な大きさに切る。
3　**2**をマスタードドレッシングで和える。
4　**3**の野菜を皿に盛り、ほぐしたメカジキのコンフィをのせる。
5　マヨネーズをかけ、ゆで卵のみじん切りをふる。
6　パセリのみじん切り、E.V. オリーブオイル、黒コショウをふって提供する。

IJ のポテトサラダ

（写真→ P.38）

■材料　20 皿分

ジャガイモ（メークイン）　2kg
クレーム・ドゥーブル※1　600g
アサリ（殻つき）　700g
白ワイン　50ml
ホタテ貝柱のだし※2　適量
エシャロット（みじん切り）　90g
ケッパー　100g
塩　9g
パセリ（みじん切り）　適量
黒コショウ　適量

※1　クレーム・ドゥーブルは、乳酸発酵した高脂肪（乳脂肪分 40％）のクリーム。

※2　ホタテ貝柱をソテーし、ワインでデグラッセした汁を使用。

1　ジャガイモの皮をむいてひと口大に切り、茹でる。ボウルに入れてクレーム・ドゥーブルを加える。
2　アサリを鍋に入れ、白ワインで蒸す。殻を外してむき身にして**1**と合わせる。
3　ホタテ貝柱のだし、エシャロット、ケッパーを加え、混ぜ合わせる。塩で味をととのえる。
4　オーダーが入ったら皿に盛り、パセリのみじん切り、黒コショウをちらして提供する。

浅利の漁師風

（写真→ P.39）

■材料　1 皿分

アサリ　200g
ニンニク（みじん切り）　5g
エシャロット（みじん切り）　10g
パセリ（みじん切り）　3g
パプリカパウダー　10g
オリーブオイル　20ml
フュメ・ド・ポワソン※　70ml
パセリ（仕上げ用。みじん切り）　適量

※フュメ・ド・ポワソンのつくり方は、「スペルト小麦と魚介のリゾット」を参照。

1　フライパンに砂抜きしたアサリ、ニンニク、エシャロット、パセリ、パプリカパウダー、オリーブオイル、フュメ・ド・ポワソンを入れ、強火で一気に加熱する
2　アサリが開いたら皿に盛り、煮汁をかけ、パセリのみじん切りをちらして提供する。

スペルト小麦と魚介のリゾット

（写真→ P.40）

■材料　1 皿分

リゾットの下準備（下記分量で仕込み、100g を使用）
┌ オリーブオイル　30ml
│ エシャロット（みじん切り）　50g
│ 塩　適量
│ スペルト小麦　500g
└ フォン・ド・ヴォライユ※1　700ml
フュメ・ド・ポワソン※2　120ml
エシャロット（みじん切り）　10g
ニンニク（みじん切り）　3g
パセリ（みじん切り）　3g
アサリ（むき身）　30g
生クリーム（乳脂肪分 40％）　50ml
塩　適量
ホタテ貝柱のソテー
┌ ホタテ貝柱　2個
│ 塩　適量
│ 黒コショウ　適量
└ オリーブオイル　適量
パセリ（仕上げ用。みじん切り）　適量

※1　フォン・ド・ヴォライユのつくり方は、次の通り。掃除をした鶏ガラとモミジを深鍋に入れ、塩を加える。かぶるくらいの水を注いで強火にかけ、煮立ったら弱火にしてアクをとる。薄切りにしたタマネギ、ニンジン、セロリ、ローリエ、白コショウを加えて 5 時間煮る。裏漉しして、そのまま粗熱をとる。

※2　フュメ・ド・ポワソンのつくり方は、次の通り。魚のアラと骨を水にさらして血抜きする。ホタテ貝のヒモに塩をふってぬめりをとって洗う。寸胴鍋に魚のアラとホタテ貝のヒモを入れ、かぶるくらいの水を注いで強火にかける。沸騰したら、弱火にしてアクをとり、薄切りにしたセロリ、長ネギとローリエを加えて 1 時間煮る。これを漉して再度火にかけて沸かし、アクと油分をとる。鍋を流水にあてて冷ます。

1　リゾットの下準備をする。浅鍋にオリーブオイルを入れて熱し、エシャロットを炒める。塩をふってスペルト小麦を加えてさらに炒め、熱いフォン・ド・ヴォライユを注いで 25 分間中火で炊く。
2　オーダーが入ったら**1**から 100g をとり、フュメ・ド・ポワソン、エシャロット、ニンニク、パセリ、アサリのむき身、生クリームを加えて水分がなくなるまで加熱する。塩で味をととのえる。
3　ホタテ貝柱に塩、黒コショウをふって、オリーブオイルでソテーする。
4　**2**のリゾットを皿に盛り、**3**のホタテ貝柱のソテーを上にのせてパセリをちらす。

メカジキのコンフィ オイルガーリック

（写真→ P.41）

■材料　1皿分

メカジキ　200g
塩　2.6g（下準備用。メカジキの重量の1.3%）
コンフィ用オイル※　適量
タイム（フレッシュ）　適量
ニンニク（みじん切り）　2g
ソース
　┌ オリーブオイル　50mℓ
　│ ニンニク（みじん切り）　15g
　│ 白ワイン　10mℓ
　│ 赤ピーマン（水煮）　40g
　└ 塩　適量
タイム（仕上げ用。フレッシュ）　5本

※コンフィ用オイルは、サラダオイルとオリーブオイルを1：1で混ぜ合わせたもの。

1　メカジキは、塩をふって冷蔵保存しておき、3日以内に使いきる。
2　オーダーが入ったら、浅鍋にコンフィ用オイルを入れ、タイム、ニンニク、洗って水分をふきとったメカジキを加えて80℃で15〜20分間、水分が抜けるまで加熱する。
3　ソースをつくる。オリーブオイルをひいたフライパンにニンニクを入れ、キツネ色になるまで加熱する。白ワインと赤ピーマンを加えてひと煮立ちさせたら火を止め、塩で味をととのえる。
4　**2**を皿に盛り、タイムをのせ、上から**3**のソースをかける。

国産牛のタルタル

（写真→ P.41）

■材料　1皿分

牛モモ肉　100g（仕込みは1kgで行う）
ビネグレットソース　30mℓ（下記はつくりやすい分量）
　┌ エシャロット（みじん切り）　30g
　│ ニンニク（みじん切り）　10g
　│ シェリービネガー　100mℓ
　│ マデラ酒　50mℓ
　│ リーペリンソース　10mℓ
　│ タバスコ　2mℓ
　│ 濃口醤油　30mℓ
　└ オリーブオイル　300mℓ
コルニッション（みじん切り）　6g
ニンニク（みじん切り）　1g
エシャロット（みじん切り）　3g
パセリ（みじん切り）　0.5g
ケッパー　3g
塩　適量
アンディーブ（細切り）　40g
ビネグレットソース（付合せ用）　適量
粒マスタード　1g
温泉卵　1個
塩（仕上げ用。フルール・ド・セル）　適量
黒コショウ　適量
パセリ（仕上げ用。みじん切り）　適量

1　牛モモ肉の塊1kgを掃除して真空パックし、54℃の湯煎で1時間火入れする。
2　氷水に浸けて完全に冷まし、冷蔵庫でストックしておく。
3　ビネグレットソースは、材料を混ぜ合わせてあらかじめ仕込んでおく。
4　オーダーが入ったら、**2**をミートミンサーで粗めに挽き、コルニッション、ニンニク、エシャロット、パセリ、ケッパーを加えて混ぜる。
5　**4**をビネグレットソースで和え、塩で味をととのえる。
6　付合せのアンディーブをビネグレットソースと粒マスタードで和えて皿に盛る。
7　**5**のタルタルを同じ皿に盛り、上に温泉卵をのせる。
8　塩、黒コショウ、パセリのみじん切りをちらして提供する。

エイヒレのムニエル 焦がしバターソース

(写真→ P.42)

■材料　1皿分

エイヒレ　200g
塩　1.6g（下準備用。エイヒレの重量の0.8%）
塩、白コショウ　各適量
強力粉　適量
バター、オリーブオイル　各適量
ソース
├ バター　100g
├ パセリ（みじん切り）　3g
├ ニンニク（みじん切り）　5g
├ エシャロット（みじん切り）　5g
├ ケッパー　10g
└ 塩、白コショウ　各適量
オリーブオイル　適量
キャベツ　1/8個

1　エイヒレは、塩をふって冷蔵保存しておき、2日以内に使いきる。
2　1のエイヒレを洗い、水けをふいて塩、白コショウをふる。強力粉をまぶす。
3　フライパンにバターとオリーブオイルを同割で入れて熱し、2のエイヒレを入れてキツネ色になるまで焼く。
4　ソースをつくる。バター、パセリ、ニンニク、エシャロットをフライパンに入れて熱し、バターが焦げてきたらケッパーを加え、塩、白コショウで味をととのえる。
5　付合せをつくる。フライパンにオリーブオイルをひき、キャベツを入れて焦げ目がつくまで焼く。
6　3のエイヒレを皿に盛り、5のキャベツを添え、4のソースをかけて提供する。

仔羊のハンバーグ　バジルペースト

(写真→ P.43)

■材料　1皿分

仔羊のハンバーグ　1個（下記は5個分の分量）
├ 仔羊肉（ミンチ）　500g
├ 仔羊背脂（ミンチ）　150g
├ 塩　適量
├ 白コショウ　適量
├ タマネギ（みじん切りにしてオリーブオイルでソテーする）　1個
├ トマトペースト　20g
├ 生クリーム　100ml
├ 赤ピーマン（水煮）　250g
├ パン粉　30g
├ 溶き卵　1.5個分
└ マリボーチーズ　100g（ハンバーグ1個につき20g）
オリーブオイル　適量
ソース
├ ジュ・ド・アニョー※1　30ml
├ 塩　9g
└ 白コショウ　適量
マスタードドレッシング※2　適量
葉野菜（季節により変わる）　適量
バジルペースト※3　5g
ピマン・デスペレット（フランス・バスク地方産の赤唐辛子）　適量

※1　ジュ・ド・アニョーのつくり方は、次の通り。羊の骨を天板に広げてサラダオイルをかけ、250℃のオーブンで色づくまで焼く。フライパンにオリーブオイルを熱し、ざく切りにしたタマネギ、ニンジン、セロリを炒める。鍋に焼いた羊の骨を入れ、かぶるくらいの水を注ぎ強火にかける。沸騰したらアクをとり、炒めた野菜、トマトペースト、ローリエを加え、2時間30分かけて1/10量になるまで煮詰める。

※2　マスタードドレッシングのつくり方は、「トマト！　トマト!!　トマト!!!」（P.62）を参照。

※3　バジルペーストは、バジルの葉を30秒間塩茹でし、冷水にとって水けをきり、E.V. オリーブオイルとともにミキサーにかけたもの。

1　仔羊肉と背脂のミンチに塩、白コショウを加えて粘りが出るまでこねる。
2　さらにタマネギ、トマトペースト、生クリーム、角切りにした赤ピーマン、パン粉、溶き卵を加えてよくこねる。280gに分け、中にマリボーチーズを仕込んで成形する。
3　フライパンにオリーブオイルを入れて加熱し、2のハンバーグを焼く。
4　ソースをつくる。ジュ・ド・アニョーを煮詰め、塩と白コショウを加えてソースとする。
5　3のハンバーグを皿に盛って4のソースをかけ、マスタードドレッシングで和えた葉野菜とバジルペーストを添え、ピマン・デスペレットをかける。

自然派ワイン とは何か

昨今人気を集めている「自然派ワイン」。でも自然派ワインって、いったいどんなワイン？「無農薬有機栽培のブドウを野生酵母で仕込み、酸化防止剤の添加を抑えたワイン」と考える人もいますが、じつは確固たる定義はないようです。

　「自然派ワイン」とは、具体的にどのようなワインを指すのだろうか。そもそもはフランス語の「Vin Nature（ヴァン・ナチュール）」を日本語に置き換えた表現だが、フランスでヴァン・ナチュールといえば、「酸化防止剤を加えずにつくるワイン」という認識が強い。「無農薬有機栽培のブドウを野生酵母で仕込んでいる」かどうかとは別の話だ。オーガニック（ビオロジック）ワインの規定や認証は別に存在する。自店でとり扱うワインの知識をより深め、お客の好みに合うワインをすすめるためにも、この点をきちんと理解しておくことは重要だろう。ブドウ栽培の点から見ると、日本で自然派ワインと呼ばれるワインには下記の3種類がある。

1　オーガニック（ビオロジック）ワイン
2　バイオダイナミクス（ビオディナミ）ワイン※
3　サスティナブル（リュットレゾネ）ワイン

　このうち、オーガニックワインとバイオダイナミクスワインは農薬や除草剤、化学肥料を使わずにブドウを育て、「エコセール」や「デメテール」など、それぞれの認証団体の規定に従って醸造を行ったワインだ。サスティナブルワインは、減農薬栽培のブドウを酸化防止剤無添加で仕込んだもの。したがって、自然派ワインと無農薬有機栽培のワインはイコールではないことを頭に入れておきたい。

　ところで、オーガニックワインやバイオダイナミクスワインの利点はどこにあるのだろう。第一に、ワインはブドウを収穫後洗わずに仕込むのだが、オーガニックワインやバイオダイナミクスワインであれば残留農薬を体にとり込む心配がない。第二に、土地の味わいが表現されやすいと言われている。化学肥料を地表に撒くと、ブドウの根が栄養分を求めて地表に向かって伸びるが、除草剤や化学肥料を使わなければ、根が深くはり、地下水脈に向かって伸びていく。一方、オーガニックワインとバイオダイナミクスワインの味の違いについては、概してバイオダイナミクスワインのほうが、生産者の個性が強く出ている、自然のエネルギーをより強く感じると言う人もいる。正確な情報を積極的にとり入れ、自分の舌や鼻でその違いを感じることもワインの楽しみのひとつだろう。

※バイオダイナミクス（ビオディナミ）とは、無農薬有機栽培であることに加え、自然素材からつくる共通の「調剤」を使い、土壌に活力を与え、生物の潜在的な力を引き出す農法。生産者の多くは、専用のカレンダーに基づいて農作業を行う。オーストリアの哲学者ルドルフ・シュタイナーの思想をもとに体系化された。

アタ
ビコック
喃喃 麻布十番商店街ストア
サンシビリテ

シェアするフレンチ

長年修業を積んだ実力派シェフが
カジュアルなビストロを開くケースが増えています。
理由は、もっと気軽にフレンチを楽しんでほしいから。
メニューはアラカルトで、ひと皿の分量は1.5〜2人前。
グループで、カップルで、複数の皿を頼んで、
わいわいにぎやかに楽しめる、
そんなカジュアルなフランス料理を紹介します。

「北欧の小島の港町にあるビストロ」が
テーマ。魚介料理で差別化を図る

アタ

Äta

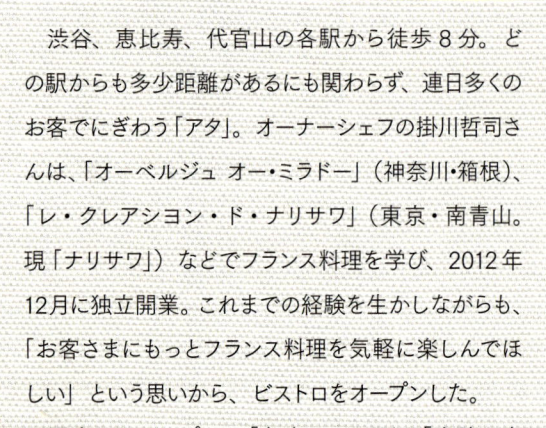

渋谷、恵比寿、代官山のちょうど中間に位置するビルの2階に出店。店名の「Äta」は、スウェーデン語で「食べる」という意味だ。

　渋谷、恵比寿、代官山の各駅から徒歩8分。どの駅からも多少距離があるにも関わらず、連日多くのお客でにぎわう「アタ」。オーナーシェフの掛川哲司さんは、「オーベルジュ オー・ミラドー」（神奈川・箱根）、「レ・クレアシヨン・ド・ナリサワ」（東京・南青山。現「ナリサワ」）などでフランス料理を学び、2012年12月に独立開業。これまでの経験を生かしながらも、「お客さまにもっとフランス料理を気軽に楽しんでほしい」という思いから、ビストロをオープンした。

　同店のコンセプトは「魚介フレンチ」。「当時、肉をテーマにした店はすでにたくさんありましたし、魚は多様な調理法を選択できるうえ、種類も豊富。肉料理よりずっと面白いし、無限の可能性があると思いました」と掛川さんは言う。メニューはアラカルトのみで、20品前後のうち約15品が魚介料理だ。黒板には、「テット・ド・フロマグロ」（P.79）、「マグロのうなじ」（P.80）、「ブイヤベース」（P.82）などの多彩な魚介料理が並ぶ。築地や神奈川県の佐島漁港、鳥取県などから仕入れる、種類豊富で季節感に富む魚介類からインスピレーションを得て、楽しみながら料理をつくっているという。

　料理をつくるうえで、掛川さんは極力仕込みをしないという。付合せのポテトのピュレもオーダーが入ってからジャガイモを煮はじめるという具合だ。「特定の人のために、そのつどつくる家庭料理のようなおいしさを大切にしたいんです。また、仕込みに時間をとられ、オープン前に疲れて夜の営業時間を短くするよりは、仕込み時間を短くして、夜はできるだけ長めに営業したいですから」と掛川さん。

　店内は、「北欧の小島の港町にあるビストロ」をテーマに、船のキャビンをイメージしたカウンター席と、デッキを模したテーブル席で構成。船の模型や海を連想させる小物を飾って非日常的な空間を演出している。「めざすのは『うまいものを食べて幸せになる』店。僕にとって料理は自己表現の手段ではなく、お客さまを楽しませるための手段なんです」と掛川さん。もてなしの気もちが込められた料理と、心地よい空間が、多くのお客を呼ぶ秘訣のようだ。

DATA

東京都渋谷区猿楽町2-5　佐藤エステートビル3号館1F
03-6809-0965

開業 ……… 2012年12月
営業時間 …… 17:00〜翌2:00
定休日 …… 日曜
席数 …… 24（カウンター8席、テーブル16席）
価格帯 …… 前菜450円〜、メイン900〜3600円
ワイン …… ブルゴーニュワインが多め。
　　　　　　魚料理に合う南仏ワインも用意。
　　　　　　ボトル4000円〜、グラス約6種700円〜

入口を入ったすぐ右手に、オープンキッチンに面したカウンター席を配置。調理のライブ感も楽しめる。カウンターテーブルは奥行があるので、ゆったりと食事ができる。

奥はテーブル席で、デッキをイメージ。木目を基調にして、アクセントカラーとして青色を使い、海を彷彿させる解放感のある空間に。

手前から、オーナーシェフの掛川哲司さん、スーシェフの小高未来さん。ホールスタッフの小野マサキヨさん、プチ＝ケービンさん、高橋もじゃさん。

上／メニューは黒板に記載。魚介料理が大半を占める。右／「北欧の小島の港町にあるビストロ」がテーマ。店内には海に関する小物やジオラマを多く飾っている。

野菜たっぷりの南仏料理と自然派ワイン。
深夜まで営業する地元客のオアシス

ビコック

Bicoque

都営大江戸線牛込神楽坂駅を出てすぐの、2階建ての店舗。赤い扉とポップな看板が目印だ。

　東京・神楽坂の「ビコック」は、2012年7月にオープン。都営地下鉄牛込神楽坂駅から徒歩1分の大通りに面した立地だが、住宅街に近接しているためか、地元の人でも気づかずに通りすぎることがある。ところが、夜の9時過ぎにドアを開けると、店内は満席。カウンター席でお客が楽しそうにグラスを傾けている。

　「一見のお客さまが少なく、地元の顔なじみのお客さまが大半なので、スタートが遅く、深夜まで営業しているんです」と、ソムリエの恩海洋平さんは言う。「お客さま同士が全員顔見知りという日もある」（恩海さん）ほど、常連客が多いそうだ。その理由のひとつとして挙げられるのが、恩海さんとシェフの藤澤進太郎さんが、お客とのコミュニケーションを大事にしていること。たとえば、ビコックにはワインリストがない。恩海さんがお客と会話しながら、お客の好みに合わせてワインをすすめている。自然派ワインは生産本数が少ないため、特定の常連客のために1〜2本だけ仕入れることも。また、ときには藤澤さんも厨房から出てきて、料理についてお客と話し込むこともある。メニューにはないが、1人客にはハーフポーションでつくり、数種類の料理を食べられるようにすすめることもあるそうだ。

　藤澤さんが南仏のレストランで修業をしたことから、同店のメニューには南仏の郷土料理が多い。「スープ オー ピストゥ」（P.86）に見られるように、南仏料理は野菜を多用する。同店では野菜もワインと同様に自然農法でつくられたものを多く使っている。「ソッカと焼き野菜のサラダ」（P.85）にも10種類以上の野菜が入っているが、これは「サラダを食べたい」というお客のリクエストから生まれたメニューだ。野菜が多く食べられるというのも、常連客にはうれしい点だろう。客単価は4000円。手ごろな価格も常連客が増えるゆえんだ。

　「会社帰りのお客さまがドアを開けて『ただいま』と言われることもあります（笑）」と藤澤さん。ビコックがいかにお客に愛されているかを物語るエピソードだ。

DATA

東京都新宿区岩戸町19-9
03-6280-8260

開業	2012年7月
営業時間	19:00〜翌3:00、日曜 18:30〜翌0:00
定休日	月曜
席数	22（カウンター7席、テーブル15席）
価格帯	前菜 800〜1000円、メイン 1600〜2900円
ワイン	フランス産、イタリア産、日本産を中心とした自然派ワイン。ボトル中心価格帯 4000〜6000円、グラス10種前後 800〜1200円

ワインは、業者を対象にした試飲会などに出席し、味を確認してから仕入れる。自然派ワインは生産量が少ないため、在庫数も少なく、アイテムも頻繁に変わる。

右／2階のテーブル席には、おもにグループや初来店のお客を案内。座り心地のよいソファ席もあり、落ち着いた雰囲気だ。下／1階のカウンター席は、おもに常連客が集う。入口近くのカウンターはスタンディングバーとして使うことも。

左はソムリエの恩海洋平さん、右は料理長の藤澤進大郎さん。2人だけで営業しているため、ときには奥の厨房から藤澤さんが客席まで出てきて料理を出したり、接客したりすることもある。

71

自家製パンを売りにして朝から営業。
夜はカジュアルなビストロ料理が人気

喃喃
麻布十番商店街ストア

東京メトロ・麻布十番駅のほど近く、麻布十番商店街の入口に立地。人通りの多い好立地だが、入口が半地下になっているので、隠れ家的な雰囲気も備えている。

　東京メトロ・麻布十番駅から徒歩1分。活気ある商店街の一角で、時間帯に合わせて表情を変える店、それが「喃喃 麻布十番商店街ストア」だ。朝の8時から夜の12時まで、夕方1時間の休憩を除き、ほぼ通し営業をする。「モーニングからディナーまで1日を通して楽しめる場でありたい。何かに特化しすぎると、お客さまにとっては使い勝手が悪くなりますから」と、オーナーの古橋健児さんは語る。

　同店は東京・鳥居坂の「喃喃 本店」に続く2号店として、2013年4月にオープンした。古橋さんは最初に立地を見たとき、「この近辺には、自然派ワインの店が意外に少ない。また、タリーズコーヒーやスターバックスコーヒーなどのコーヒーチェーンに囲まれているから、カフェ業態は難しい」とさまざまに考えを巡らし、現在のスタイルにたどりついた。

　喃喃 麻布十番商店街ストアの強みは、自家製のパン、自然派ワイン、そして「ビストロ」を掲げつつもフレンチのみにこだわらない多彩な料理だ。パンは朝食用、ランチ用、ディナー用と、それぞれの時間帯の利用動機に合わせ、種類を変えて焼き上げており、朝は朝食用のパンとコーヒー、昼はバンズまで自家製のハンバーガー、夜はワインに合うパンとビストロ料理というふうに提案の仕方を変え、さまざまな利用動機を吸収している。そのため、各時間帯の客層も幅広い。ディナー帯には、テーブル席で和やかに食事を楽しむグループ客がいるかと思えば、手ごろな価格の自然派ワインを飲みに1人でふらりと立ち寄る女性客もいる。

　料理に対する考え方も柔軟だ。ビストロの定番、パテはバーベキュー用のミックススパイスで香りづけして「パテ・ド・十番」（P.91）として提供。牛ホホ肉の赤ワイン煮を詰めた「特製ミートパイ」（P.95）は、オーストラリアの郷土料理からヒントを得ている。夜の客単価は5000円。リーズナブルな価格設定も「肩の凝らないお洒落な食堂」としてお客から支持される要因のひとつだろう。

DATA

東京都港区麻布十番1-11-10　十番アネックス1F
03-3505-2524

開業	2013年4月
営業時間	モーニング＆ランチ　8：00～17：00 ディナー　18：00～翌0：00（L.O. 23：00）
定休日	無休
席数	25席（カウンター5席、テーブル席20席）
価格帯	前菜500円～、メイン900～2200円
ワイン	フランス産を中心とする自然派ワイン。 ボトル2800～12000円、 グラス約10種650～1400円

入口左手にパンのショーケースを配置し、パンのテイクアウト利用にも対応。朝は朝食用のパン、昼はランチ用ハンバーガーのバンズ、夜はワインに合うパンと、時間帯によってパンの種類が変わる。

左から、パン職人の高山芙美さん、オーナーの古橋健児さん、店長の星 契一さん。3人が中心となって本店と麻布十番商店街ストアを運営する。

バインダーを利用したメニュー表で、パンと前菜、ワインの組合せを訴求している。ワインは、終日提供する。

入口から客席を見る。オープンキッチンに面してカウンターを設け、左側にカウンター席、右側にテーブル席をレイアウト。カウンターは、オープン当初、スタンディングスタイルだったそう。海外製のアンティークライトをつるし、独特な空間をつくり出している。

素材のよさとていねいな仕込みが伝わる
本格フレンチをカジュアルな空間で提供

サンシビリテ

sensibilité

東京メトロ・新富町駅とJR八丁堀駅からともに徒歩3分程度。上質感のある木の扉と大きな格子窓、ポップなロゴの赤い看板が目印。

　大きな格子窓から漏れる、温かな光。一見するとカフェのようなかわいらしい外観だが、提供される本格的なフランス料理の数々に驚かされる。それもそのはず、オーナーシェフの阿部直也さんは、20年余りみっちりとフランス料理の経験を積んだ人物。地元静岡で10年間、その後上京し、銀座「ペリニィヨン」で10年間腕を磨き、独立したのが2013年4月。新富町のこの場所を選んだ理由は、複数の路線が使え、銀座や築地からも徒歩圏内というアクセスのよさに加え、一等地よりも家賃を抑えられ、食材やワインに還元できると考えたからだ。

　「シェフのこだわりが見える店にしたかった」の言葉通り、12坪の空間には阿部さんの思いが詰まっている。なかでも最大のこだわりは、厨房と客席を仕切るすべり出し窓。はじめから阿部さん1人で調理することを想定し、充分なスペースを確保しながら、すべてのお客の顔を見ながら料理できる厨房をつくり上げた。

　「人数×1.5皿がオーダーの基準」と説明するように、メニューはいずれも1皿の量が多め。そして「直球勝負の料理が好き」と阿部さんが話すように、いずれも仕立てはシンプルながら、素材のよさとていねいな仕込みがストレートに伝わってくるものばかりだ。たとえば名物の「田舎風豚肉のパテ」（P.102）は3cmほどの厚みがあるが、ふわっと軽い口あたりで食べ飽きず、ときおり感じる砂肝の歯ごたえが食感にリズムを与える。骨つきのまま焼き上げる「仔羊背肉のロースト 香草風味」（P.100）は、40分ほどかけてゆっくりと火を入れることで美しいロゼ色としっとりレアな食感に仕上げる。魚介は北海道・函館から直送で仕入れ、野菜はおもに静岡産を使用。旬の食材を主役にしながら、国産のジャスミンライスなど希少な食材もとり入れている。

　そんなシェフの片腕として店を支えるのは、マダムの愛さん。ワインはラベルを見せながらお客に選んでもらうなど、レストランらしい上質なサービスを心がけ、足しげく通う常連客を増やしている。

DATA

東京都中央区新富1-8-7　新和ビル1F
03-6280-3481

開業 ……… 2013年4月
営業時間 … 18:00～23:00
定休日 …… 月曜
席数 ……… 16（カウンター4席、テーブル12席）
価格帯 …… 前菜 500～2000円、魚料理 2200円～、
　　　　　　肉料理 2600～3000円、デザート 700円
ワイン …… フランス産を中心に、イタリア産、
　　　　　　ニュージーランド産など。約半数がビオワイン。
　　　　　　ボトルは赤・白各15種ほどそろえ、3000円～。
　　　　　　グラスは赤・白各3種 750円～

店内は、白が基調のシンプルな空間。手づくり感のある木製テーブルとチェック柄の椅子が、カントリー調の温かみを醸し出す。壁の色や床材、窓枠やカウンターの幅など、すべて阿部さんが細かく指示して完成させた。

フードメニューは1枚の紙にまとめて紹介。ワインはフランス産が中心で、夏はシャブリやロゼを増やすなど季節によっても入れ替える。

カウンターの高さは椅子に合わせて設計。奥行もゆとりをもたせて60cmを確保。ふらっと訪れる常連客のために、カウンター席の予約は受けつけていないという心づかいがうれしい。

オーナーシェフの阿部直也さんと、マダムの愛さんはともに静岡出身。直也さんは1973年生まれで、40歳で独立を決意。ワインのセレクトはおもに愛さんが担当している。

アタ

ブランダード
♦♦♦

干しダラのペースト、
ブランダードは
ビストロの定番メニューだが、
アタでは干しダラから
自店でつくっているため、
期間限定のメニューとなっている。
タラは気温の低い冬に干し、
春にブランダードにして提供する。
タラの繊維が残るよう、
二度に分けて撹拌するのがコツ。

（つくり方→ P.104）

〆鯖ツァネラ
♦♦♦

赤ワインビネガーで締めた締めサバを
野菜と合わせてサラダ仕立てに。
サラダは、オーダーが入ってから野菜を切り、
氷水をあてたボウルで材料を冷やしながらつくる。
つくりたての冷たいサラダと
サバの温度差を楽しめるように仕上げている。
イタリア・トスカーナ地方のパンを使ったサラダ
「パンツァネッラ」をヒントに考案。

（つくり方→ P.104）

カニのワカモレ

❖❖❖

レモン果汁、ライム果汁とエシャロットを加えた
さわやかな味わいのワカモレに、カニのほぐし身をのせる。
ワカモレにはコーンチップを添えることが多いが、
アタではエビセンを添えて海の香りを満喫する仕立てに。

(つくり方→ P.105)

セウタ

◆◆◆

ピリリとスパイスのきいたイカのトマト煮込み。
イカは、水分が飛ぶまでしっかりと炒めてから煮込んで、
ソースにイカのうまみを溶け込ませる。

(つくり方→ P.105)

テット・ド・フロマグロ

◆◆◆

フランスのビストロの定番料理、テット・ド・フロマージュは、
豚のカシラ肉を寄せ固めたものだが、こちらはマグロの下アゴを蒸して固めたオリジナル。
野菜がたっぷりと入った、塩味のミネストローネとともに提供している。

(つくり方→ P.106)

マグロのうなじ

▸▸▸

脂ののったマグロの脳天（うなじ）と、さっぱりとしたホホ肉を盛り合わせ、
その味の違いを楽しめる仕立てにした。
バターソースにチーズを加えて赤ワインに合う味わいに仕上げている。

（つくり方→ P.107）

チュルボのロースト

肉厚な砂ヒラメ（チュルボ）を香ばしく焼き上げてから、
白ワインのソースをかけて提供。
クセがなく身質がしっとりとした砂ヒラメと
酸味のきいた濃厚なソースの組合せはワインによく合う。

（つくり方→ P.107）

アタ

ブイヤベース

◆◆◆

あらかじめ魚のアラからスープをとっておき、
提供前に魚介類を加えて軽く煮る。
煮込みすぎないことで、具材のパサつきを防ぎ
スープと魚介の双方のおいしさを両立させている。
スープにはエビの頭などは加えず、
具材のホウボウは焼いてから加えているので、
雑味がなく、すっきりとした味わい。

（つくり方→ P.108）

お米のブイヤベース

◆◆◆

魚介のうまみを充分に吸わせたリゾット。
リゾットに適したイタリアのカルナローリ米を炊き、
ブイヤベース用のスープを加えて煮込む。
お客の希望があれば、提供したブイヤベースの
残りのスープでつくることもある。
生の角切りトマトとコリアンダーを添えてさわやかに。

（つくり方→ P.108）

焼きナスとアンチョビ
♦♦♦
網焼きのナスをオリーブオイルやエシャロットで和えたシンプルなメニュー。
アンチョビと一緒に食べるようにすすめる。
ワインに合わせやすいようにやや濃いめに味つけし、
エシャロットのほのかな辛みでアクセントをつけている。

（つくり方→ P.109）

甚五右ヱ門芋とブルターニュバター
♦♦♦
山形県の伝承野菜、甚五右ヱ門芋に
バターを添えたシンプルなメニュー。
甚五右ヱ門芋はねっとりとした食感と甘みが特徴で、
香り高いフランス・ブルターニュ産のバターとよく合う。

（つくり方→ P.109）

ソッカと焼き野菜のサラダ

♦♦♦

ソッカはヒヨコマメの粉を使ったクレープで、
南仏・ニースの屋台などで多く見かける郷土料理。
現地では生地だけで食べることも多いが、
ビコックでは、中に焼き野菜をふんだんに入れ、
アンチョビ入りのマヨネーズソースをかけて提供している。
繊細な香りのアリゴテ種のブルゴーニュワインで。

（つくり方→ P.109）

ピコック

スープ オー ピストゥ
•••

バジルのソースが入った
野菜のスープは、
南仏のポピュラーな家庭料理。
ピコックでは、
根菜や季節の野菜を豊富に使って
時間をかけて仕込み、
レストランならではの一品に
仕上げている。

(つくり方→ P.110)

ブリ大根
•••

ブリとダイコンに赤ワインソースを添えた
洋風の仕立てで、ワインとの相性もよい。
ブリは表面を軽く焼きつけたあと、
低温でゆっくりと火を入れ、ロゼに仕上げている。

(つくり方→ P.111)

ブランダード

♦♦♦

南仏の郷土料理、ブランダードはタラのペースト。
バゲットなどを添えて提供することが多いが、
チーズをかけて焼き上げることで
塩味のきいたグラタンのような一品に。
ワインによく合うメニューだ。

(つくり方→ P.111)

プチサレとランティーユ

豚肉を塩漬けにしたプチサレとレンズマメの煮込みは、
フランスのビストロの定番メニュー。
ビコックでは自家製の大ぶりなプチサレを使い、
表面を香ばしく焼き上げてごちそう感を出している。
ガメイ種のワインは豚肉を使った料理と好相性。

（つくり方→P.112）

国産牛ハラミステーキ

◆◆◆

脂身の少ないハラミ肉をジューシーに焼き上げた、食べごたえのあるステーキ。
さまざまな銘柄牛で試作をくり返したが、
さっぱりとしていてフランスのバベット・ステーキに味わいが近い、
国産牛に落ち着いた。やすませながら焼くのがコツだ。

（つくり方→ P.112）

チーズの盛合せ

◆◆◆

チーズの種類は季節によって異なるが、
かならず国産のチーズを用意している。
奥から時計回りに、北海道産のハードタイプ、
長野県産のウォッシュタイプ、
フランス・オーベルニュ地方のブルーチーズ、
ブルゴーニュ地方の白カビチーズ。

タコとアボカドのジェノベーゼ

❖❖❖

タコとアボカドを自家製のジェノベーゼソースで和える。
ジェノベーゼソースは温度が高くなるとバジルが変色してしまうので、
つくる際は、オリーブオイルなどの材料はあらかじめ冷やしておくこと。
ソースは、1皿分ずつラップフィルムに包んで冷凍保存しておく。

（つくり方→ P.113）

パテ・ド・十番

●●●

ビストロの定番メニュー、
パテ・ド・カンパーニュをアレンジ。
クセの少ない鶏白レバーを使い、
バーベキュー用ミックススパイスを加えて、
スパイスが香る味わいに仕立てている。

（つくり方→ P.113）

丸ごとトマトとコリアンダーの
チリコンカルネ

●●●

たっぷりのコリアンダーの葉とトマトを添えた
香り高いチリコンカルネ。
豚粗挽肉を使用した食感豊かなチリコンカルネを
トマト、コリアンダーと混ぜながら、
トルティーヤで包んで食べる。

（つくり方→ P.114）

喃喃

帆立とマッシュルームのバターソテー ルッコラセルバチコとペコリーノ

•••

タプナードをからめたホタテ貝柱と
マッシュルームのコクのある味わいに、
ポーチ・ド・エッグのまろやかさをプラス。
セルバチコの苦みとチーズのうまみがアクセント。
さまざまなタイプの白ワインと合わせやすい複雑な味わい。

(つくり方→ P.115)

生ハムとフルーツの葉野菜サラダ

•••

葉野菜の上に季節のフルーツと生ハムを
たっぷりとのせたサラダは、彩りも鮮やかで、食べごたえも充分。
写真はイチゴやキウイを使用。柑橘類などを加えてもよい。

(つくり方→ P.114)

喃喃

特製ミートパイ
◆◆◆
オーストラリア名物の屋台のミートパイにヒントを得たメニュー。
牛ホホ肉の赤ワイン煮を包んだパイに、マッシュポテトを添える。
グレービーソースの代わりにマルサラソースを敷き、
より洗練された味わいに仕上げている。

(つくり方→ P.116)

カモの燻製
テット・ド・モアンヌとバルサミコ
◆◆◆
薄切りにしたハードチーズ、テッド・ド・モアンヌと
鴨肉の燻製は抜群の相性のよさ。
バルサミコソースの酸味もほどよいアクセントに。
黒コショウをしっかりきかせるのも
ワインと合わせやすくするためのポイントだ。

(つくり方→ P.115)

サンシビリテ

ムール貝のエスカルゴバター焼き プロヴァンサル
◆◆◆
ふっくらとハリのある北海道産のムール貝を
特製エスカルゴバターで味わう、人気のスペシャリテ。
サクサクとした香草パン粉と、甘みの濃いトマトフォンデュが
食感と味わいに心地よいリズムを生む。
(つくり方→ P.117)

自家製有機野菜のピクルス
◆◆◆
ごろごろっと大ぶりに切った野菜が
インパクトのあるひと皿。
エストラゴンでさわやかな香りを加え
野菜本来の香りや甘みを生かした仕上がりに。

(つくり方→P.117)

猪とゴボウのテリーヌ
◆◆◆
極太のゴボウが断面にいくつも顔を出す
ユニークな表情のテリーヌ。
猪肉を主体に鶏レバーと豚クビ肉を加え
野性味のなかに奥行と複雑さを感じさせる。

(つくり方→P.118)

極上椎茸に詰めたホタテムースと
ズワイガニのロースト

ぎゅぎゅぎゅと歯を押し返す肉厚の椎茸に
繊細な甘みをもつホタテ貝のムースを詰め、
ズワイガニの身をたっぷりと。
椎茸の軸でつくったソースがアクセントに。

（つくり方→P.118）

白子のムニエル　焦がしバターとケッパーのソース

◆◆◆

プリッとはじけてとろける食感と、濃厚な甘みをもつ北海道産の白子。
旬ならではのおいしさを味わうには、シンプルなムニエルがいちばん。
絶妙な火加減で、表面はカリッと、中はレアに焼き上げ、
ケッパーの酸味でキレを出した芳醇な焦がしバターのソースを添える。

（つくり方→ P.119）

仔羊背肉のロースト　香草風味

♦♦♦

骨つきの仔羊をシンプルに焼き上げたローストは
見た目は豪快ながらも、繊細な火入れが要求されるメニュー。
牛と鶏のだしを合わせた芳醇な香りのソースにも
フランス料理のテクニックが光る。

（つくり方→ P.119）

山形県産ジャスミンライスを詰めた津軽鶏モモ肉のロースト生姜風味のソース

♦♦♦

華やかな香りをもつ希少な国産のジャスミンライスを
芝エビやキノコと一緒に鶏モモ肉に詰めて焼き上げた一品。
パリッと香ばしい鶏肉のジューシーなうまみと
谷中ショウガを加えてさっぱりとした味に仕上げたソース、
アジアンテイストの香りの組合せが楽しい。

（つくり方→ P.120）

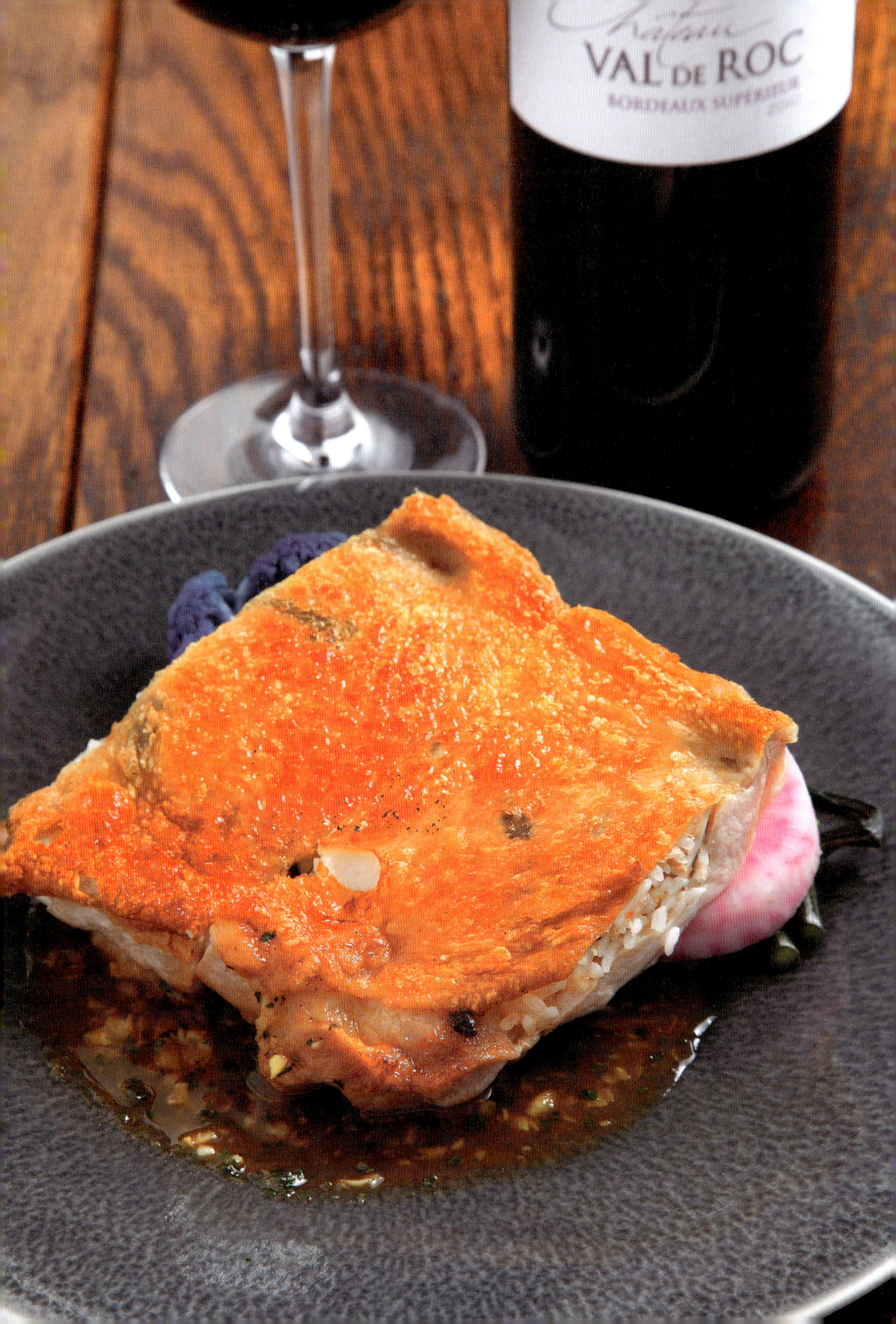
VAL DE ROC
BORDEAUX SUPÉRIEUR

"自家製"をつくろう ③ パテ／サンシビリテ

定番中の定番だからこそ、
店の個性をプラスして差別化を

田舎風豚肉のパテ

ぶ厚く切って提供する自家製パテは、サンシビリテの人気メニュー。
肉のうまみをとじ込めた力強い味わいながら、
ふわりとした軽やかな食感で、食べ飽きないと評判だ。
下準備に2日間かけるていねいな仕事が、繊細な味を生む。

■材料 10皿分
（26cm×8cm×高さ6cmのテリーヌ型2台分）

鶏レバー　400g
砂肝　100g
牛乳　適量
豚肩ロース肉　1.2kg
豚クビ肉　300g
タマネギ（アメ色になるまで炒めたもの）　100g
ニンニク（すりおろす）　1片
白ワイン　100㎖
塩　適量（肉の1.2％）
豚の網脂　適量
タイム（フレッシュ）　適量

キュウリのピクルス　適量
粒マスタード　適量

1 鶏レバーと砂肝は掃除して牛乳に浸けて冷蔵庫でひと晩おき、くさみをとる。

2 掃除をした豚肩ロース肉、豚クビ肉と、**1**の鶏レバーと砂肝を、タマネギ、ニンニク、白ワイン、塩を合わせた中に入れ、冷蔵庫で1日おく。

3 ミートミンサーで**2**を粗く挽く。

4 手で粘りが出るまで練る。

5 テリーヌ型に豚の網脂を敷き、**4**を詰める。

6 タイムをのせ、120℃のオーブンで2時間ほど湯煎焼きする。

7 焼き上がったらオーブンから出し、重しをして氷水を入れたバットに入れ、冷やす。粗熱がとれたら重しを外して、冷蔵庫でひと晩ねかせる。

8 でき上がり。オーダーが入ったら、カットして器に盛り、キュウリのピクルス、粒マスタードを添える。

ブランダード

（写真→ P.76）

■材料　20皿分

干しダラ※1　2.2kg
牛乳　4ℓ
オリーブオイル　適量
ニンニク　3片
タマネギ　500g
ジャガイモ　300g
シェリービネガー　150㎖
E.V. オリーブオイル　250㎖
白コショウ　適量
シブレット（みじん切り）　適量
クルトン※2　適量

※1　干しダラは自家製。マダラのフィレ（4kg）に塩をたっぷりとのせ、1ヵ月間陰干しして乾燥させながら水けを抜く。さらに約15日間、天日に干す。

※2　クルトンは、バゲットを薄切りにし、ニンニクをすりつけてカリカリになるまで焼いたもの。

1　干しダラを水に浸して1日半おき、塩けを抜く。皮をひいて、骨を抜く。
2　牛乳を鍋に入れて**1**を浸し、弱火で沸かしながら15分間煮る。
3　別の鍋にオリーブオイルを入れ、みじん切りにしたニンニクとタマネギを炒める。**2**の牛乳と皮をむいて薄切りにしたジャガイモを加え、火を通す。バーミックスで撹拌する。
4　**2**のタラを加えて、さらにバーミックスでタラの繊維が残る程度に軽く撹拌する。
5　**4**を弱火にかけ、水分が飛ぶまで煮詰めたらシェリービネガーを加える。E.V. オリーブオイルを加えて乳化させ、白コショウで味をととのえる。
6　オーダーが入ったら70gをココット型に入れてシブレットをちらし、クルトンを添えて提供する。

〆鯖ツァネラ

（写真→ P.76）

■材料　1皿分

締めサバ　20g（下記は仕込みの分量）
├ サバ　1尾
├ 塩、砂糖　各適量（塩と砂糖は1:3の割合で合わせておく）
└ 赤ワインビネガー　適量
赤タマネギのピクルス　50g（下記はつくりやすい分量）
├ 赤タマネギ　1個
├ 砂糖　20g
├ 塩　3g
└ 赤ワインビネガー　200㎖
キュウリ　½本
トマト　¼個
モッツァレラチーズ　15g
ミントの葉　4g
E.V. オリーブオイル　20㎖
塩、黒コショウ　各適量
ミント　適量

1　締めサバをつくる。サバを3枚におろし、腹骨をとり除く。
2　サバを、身がかぶるくらいの量の塩と砂糖でおおい、冷蔵庫に入れて8時間おく。
3　**2**のサバを洗って水けをふきとり、バットに入れ、赤ワインビネガーをひたひたになるまで注いで30分間おく。
4　赤ワインビネガーをふきとり、皮をひいて骨を抜く。
5　赤タマネギのピクルスをつくる。赤タマネギを1cm角に切ってボウルに入れ、砂糖と塩を加えてよくもむ。赤ワインビネガーを加えてひと晩おく。
6　オーダーが入ったらサラダをつくる。キュウリは塩（材料外）をふって板ずりをし、1cm角に切る。
7　氷水にあてたボウルに**1**のキュウリ、**5**の赤タマネギのピクルス、2～3cmの角切りにしたトマトとモッツァレラチーズ、みじん切りにしたミントの葉を入れる。E.V. オリーブオイルを回しかける。
8　**4**の締めサバを厚さ1cmに切り、**7**に加える。
9　塩、黒コショウで調味して皿に盛り、ミントを飾る。

カニのワカモレ

(写真→ P.77)

■材料　1皿分

エビセン　25g
米油　適量
チリパウダー※1　適量
エビ塩※2　適量
ズワイガニの身（ほぐしたもの）　30g
アボカド　130g
レモン果汁　5g
ライム果汁　5g
エシャロット（みじん切り）　20g
エストラゴン（みじん切り）　4g
生クリーム（乳脂肪分35％）　10mℓ
塩　適量
パプリカパウダー　適量

※1　チリパウダーは、チリペッパー、ガーリックパウダー、オニオンパウダー各適量をブレンドしたもの。

※2　エビ塩は、サクラエビ（静岡・駿河湾産）をミルミキサーにかけて粉砕し、クリスタルソルトを合わせたもの。

1　エビセンを米油で揚げる。木製のプレートに盛ってチリパウダーをかけ、エビ塩を添える。
2　ズワイガニは軽く蒸しておく。
3　アボカドを1cm角に切り、氷水にあてたボウルに入れる。レモン果汁、ライム果汁、エシャロット、エストラゴン、生クリームを加えて混ぜ合わせる。塩で味をととのえる。
4　3をココット型に入れて、2をのせ、パプリカパウダーをかける。
5　4を1のプレートにのせて提供する。

セウタ

(写真→ P.78)

■材料　1皿分

セウタベース　170g（下記はつくりやすい分量）
┌ スルメイカ　1kg
│ E.V. オリーブオイル　適量
│ タマネギ（みじん切り）　800g
│ ニンニク（みじん切り）　25g
│ セロリ（みじん切り）　200g
│ トマトペースト　200g
│ 白ワイン　200mℓ
│ 唐辛子パウダー、パプリカパウダー、チリパウダー※、
│ 　クミンパウダー　各適量
└ 塩　適量
ピーマン　10g
ナス　50g
米油　適量
ブラックオリーブ（種なし）　12g
ベーコン　15g
シュレッドチーズ　10g

※　チリパウダーのつくり方は、「カニのワカモレ」を参照。

1　セウタベースをつくる。スルメイカは下処理をし、身とゲソを1cm角に切る。胆はとりおく。
2　フライパンにE.V. オリーブオイルを入れて熱し、タマネギをアメ色になるまで炒める。
3　別のフライパンにE.V. オリーブオイルを入れて熱し、ニンニクを炒めて香りを出し、1の胆を加えて炒めた後、セロリ、1のスルメイカの身とゲソを加えて水分が飛ぶまでしっかり炒める。
4　3にトマトペーストを加えて混ぜ、白ワインを注いでアルコールを飛ばす。
5　4に2のタマネギを加え、全体が浸る程度の水（材料外）を注いで30分間煮込む。スパイス類を加え、塩で味をととのえる。
6　オーダーが入ったらピーマンは細切りにし、ナスは1cm角に切って米油で素揚げにする。ブラックオリーブは半分に切り、ベーコンは棒状に切る。
7　5のセウタベースに6を加えて耐熱皿に入れ、シュレッドチーズをかける。
8　250℃のオーブンで7分間焼く。

テット・ド・フロマグロ

(写真→ P.79)

■材料　1皿分

テット・ド・フロマグロ　50g
(下記分量で仕込む・17cm×11cm×高さ5.5cmの型1台分)
- マグロのアゴ肉　4尾分
- タマネギ　50g
- セロリ　25g
- ニンニク　1片
- ローリエ (ドライ)　適量
- ベルモット　適量

ミネストローネ　120g (下記はつくりやすい分量)
- E.V. オリーブオイル　30㎖
- ニンニク　1片
- ベーコン　100g
- セロリ　100g
- タマネギ　250g
- キャベツ　150g
- ニンジン　50g
- 水　250㎖
- 塩　適量

薄力粉、溶き卵、パン粉　各適量
E.V. オリーブオイル、バター
　各適量 (E.V. オリーブオイルとバターは1:1の割合)
ソラマメ　10粒
E.V. オリーブオイル　40㎖
ディジョンマスタード　適量
シブレット (みじん切り)　適量

1　テット・ド・フロマグロを仕込む。マグロのアゴ肉を茹でこぼして氷水に入れて粗熱をとり、よく洗う。

2　1に薄切りにしたタマネギとセロリ、ニンニク、ローリエ、ベルモットをかけ100℃のスチームコンベクションオーブンで30分間蒸す。

3　マグロの身をとり出し、型に入れて冷やし固める。

4　ミネストローネをつくる。鍋にE.V. オリーブオイルを入れ、ニンニクを炒めて香りを出す。

5　棒状に切ったベーコンを加えて炒めたら、角切りにしたセロリとタマネギを加えてさらに炒める。

6　角切りにしたキャベツとニンジンを加え、水を注いで煮る。塩で味をととのえる。

7　3を厚さ1.5cmにカットし、薄力粉、溶き卵、パン粉の順につけ、E.V. オリーブオイルとバターをひいたフライパンで揚げ焼きにする。

8　6のミネストローネを温めて皮をむいたソラマメを加える。

9　8にE.V. オリーブオイルを少量ずつ加えて乳化させ、皿に盛る。

10　9のミネストローネの上に揚げ焼きにしたテット・ド・フロマグロをのせる。

11　ディジョンマスタードをテット・ド・フロマグロの上にのせ、シブレットをちらして提供する。

マグロのうなじ

(写真→ P.80)

■材料　1皿分

マグロの脳天（うなじ）　50g
マグロのホホ肉　50g
塩　適量
バター　10g
エシャロット（みじん切り）　10g
シェリービネガー　10mℓ
ディジョンマスタード　3g
サラダ菜　1/2株
シブレット（みじん切り）　適量
塩（仕上げ用）　適量
グラナ・パダーノチーズ　20g

1　マグロの脳天とホホ肉に塩をふり、油をひかずにグリルパンで表面のみを焼きつける。
2　別のフライパンにバターを入れ、火にかけて焦がし、**1**のマグロを入れてエシャロット、シェリービネガー、ディジョンマスタードを加えてからめる。
3　マグロをとり出して、厚さ1cmにスライスする（付合せのサラダ菜で巻いて食べやすい厚さに切る）。
4　サラダ菜の葉を皿に敷き、**3**のマグロをのせ、**2**のフライパンに残ったソースをかける。
5　塩をふり、シブレットと薄切りにしたグラナ・パダーノチーズをちらす。

チュルボのロースト

(写真→ P.81)

■材料　1皿分

砂ヒラメ　200g
薄力粉　適量
新タマネギ　70g
E.V. オリーブオイル　適量
シメジ　25g
舞茸　25g
ソラマメ　35g
イタリアンパセリ（みじん切り）　適量
ソース・ヴァン・ブラン　50mℓ（下記はつくりやすい分量）
┌ トマト　15g
│ ディル（みじん切り）　適量
│ タラゴン（みじん切り）　適量
│ エシャロット（みじん切り）　75g
│ 白ワイン　200mℓ
│ 白ワインビネガー　80mℓ
│ フュメ・ド・ポワソン※　250mℓ
│ 生クリーム（乳脂肪分35％）　550mℓ
└ バター　5g

※フュメ・ド・ポワソンのつくり方は、次の通り。フライパンにE.V. オリーブオイルを入れて熱し、魚のアラと、薄切りにしたセロリ、ニンジン、タマネギを加えて炒める。白ワインを加えてアルコールを飛ばし、ひたひたになる程度の水を注いで、約30分間煮て、漉す。

1　砂ヒラメは水で洗ってぬめりをふきとり、ウロコをとる。頭を落とし、骨つきのままぶつ切りにする。塩をふり、薄力粉をまぶしてオーブンに入れ、250℃で片面を5分間ずつ焼く。
2　付合せをつくる。新タマネギは皮をむいてくし形に切り、E.V. オリーブオイルで炒める。シメジと舞茸は小房に分け、タマネギとは別にして、E.V. オリーブオイルで炒める。ソラマメは茹でて皮をむく。
3　**2**のそれぞれにイタリアンパセリをまぶす。
4　ソース・ヴァン・ブランをつくる。トマトは角切りにし、ディルとタラゴンで和える。
5　エシャロットと白ワイン、白ワインビネガーを鍋に入れて加熱する。
6　1/3量になったらフュメ・ド・ポワソンを加え、1/3量になるまで煮詰める。生クリームを加える。
7　**6**にバターを加えて混ぜ、**4**のトマトを加える。
8　皿に**7**のソースを流し、**1**の砂ヒラメと**3**の付合せを盛る。

ブイヤベース

(写真→ P.82)

■材料　1皿分

ブイヤベース用スープ　つくりやすい分量
- E.V. オリーブオイル　50㎖
- ニンニク（薄切り）　10g
- 魚のアラ（カサゴ、イサキ、ホウボウなどの磯魚）　1kg
- タマネギ　150g
- セロリ　50g
- トマトペースト　75g
- 白ワイン　200㎖
- ローリエ（ドライ）　1枚
- バイマックルー（コブミカンの葉）　1枚
- 水　500㎖
- エルブ・ド・プロヴァンス　適量

ブイヤベース　1皿分
- ホウボウ　300g
- ナス　1本
- パプリカ（赤、黄）　各¼個
- ピーマン　½個
- サフラン（パウダー）　2g
- ブイヤベース用スープ　360㎖
- エビ　6尾
- ムール貝　6個
- ヤリイカ　2杯
- イタリアンパセリ（みじん切り）　適量
- アイオリソース※　適量
- 塩　適量
- 粉チーズ　適量

※アイオリソースは、マヨネーズに一味唐辛子とパプリカパウダーを加えて混ぜる。

1　ブイヤベース用スープをつくる。フライパンにE.V. オリーブオイルとニンニクを入れて火にかけ、香りが出てきたら魚のアラを加えて強火で炒める。

2　魚の水分が飛んでパラパラとした状態になったら鍋に移し、薄切りにしたタマネギとセロリを加えて中火にかける。

3　トマトペーストを加えて混ぜ合わせる。白ワインを注ぎ、ローリエ、バイマックルーを加えて強火でアルコール分を飛ばす。

4　1のフライパンに水を入れて沸騰させ、エルブ・ド・プロヴァンスを加えて火を止める。蓋をして4分間蒸らす。

5　3の鍋に4を漉して加え、30分間弱火で煮る。

6　5のスープを漉す。漉し器にヘラを押しつけて、最後の一滴まで搾りとるようにする。

7　ブイヤベースをつくる。ホウボウは掃除をしてから250℃のオーブンで5分間焼く。

8　ナス、パプリカ、ピーマンを食べやすい大きさに切る。

9　7のホウボウと8の野菜、サフランを鍋に入れ、6のスープを注いで野菜に火が入るまで煮る。

10　エビは頭と背ワタをとって殻をむく。ムール貝は洗ってヒゲをとる。ヤリイカは足とワタをとり除く。別に鍋を用意し、エビ、ムール貝、ヤリイカを入れ、9のスープを注いで火が通るまで煮る。

11　10の魚介類に火が入ったらすぐに火を止める。9のホウボウと野菜、10の魚介類をとり出して皿に盛り、鍋に残ったスープをかけてイタリアンパセリをちらす。アイオリソース、塩、粉チーズを添えて提供する。

お米のブイヤベース

(写真→ P.83)

■材料　1皿分

- E.V. オリーブオイル　適量
- タマネギ（みじん切り）　20g
- カルナローリ米※1　70g
- 水　56㎖（米の重量の80%）
- ブイヤベース用スープ※2　70㎖
- トマト　5g
- コリアンダーの葉　10g

※1　カルナローリ米はイタリアの長粒種の米。リゾットなどに適している。

※2　ブイヤベース用スープのつくり方は、「ブイヤベース」を参照。

1　フライパンにE.V. オリーブオイルを入れて熱し、タマネギを加えて透き通るまで炒める。

2　カルナローリ米を加え、透き通るまで炒めてから水を加え、歯ごたえが残る程度に炊く。

3　ブイヤベース用スープを2に加えて温め、皿に盛る。

4　角切りにしたトマトとコリアンダーの葉をのせて提供する。

焼きナスとアンチョビ

(写真→ P.84)

■材料　1皿分

ナス（大きめ）　1個
E.V. オリーブオイル　大さじ½
塩、黒コショウ　各適量
エシャロット（みじん切り）　大さじ½
アンチョビフィレ　1枚

1　ナスを皮つきのまま強火で焼く。縦に半分に切って身をとり出す。皮は飾り用にとっておく。
2　ナスの身をさき、E.V. オリーブオイル、塩、黒コショウ、エシャロットを加えて和える。
3　アンチョビフィレとともに皿に盛り、ナスの皮を飾る。

甚五右ヱ門芋とブルターニュバター

(写真→ P.84)

■材料　1皿分

サトイモ（山形産・甚五右ヱ門芋）　3個
バター（フランス・ブルターニュ産）　10g
塩（フランス・ゲランド産）、黒コショウ　各適量

1　サトイモを皮つきのまま15〜20分間蒸す。
2　オーダーが入ったら再度蒸して温め、皮をむいて皿に盛る。スライスしたバター、塩、黒コショウを添えて提供する。

ソッカと焼き野菜のサラダ

(写真→ P.85)

■材料　1皿分

ソッカの生地　100ml（下記はつくりやすい分量）
┌ 水　450ml
│ E.V. オリーブオイル　75ml
└ ヒヨコマメ粉　170g
焼き野菜　適量
（写真は、キュウリ、コリンキー、カリフラワー、ブロッコリー、黒ダイコン、紅しぐれダイコン、青首ダイコン、ダイコン、紅芯ダイコン、レンコン）
E.V. オリーブオイル　適量
塩　適量
付合せの生野菜　適量
（写真は、サニーレタス、フリルレタス、トレビス）
アンチョビ入りのマヨネーズソース
　　15ml（下記はつくりやすい分量）
┌ 卵黄　3個分
│ E.V. オリーブオイル　400ml
│ アップルビネガー　15ml
│ ディジョンマスタード　30g
└ アンチョビフィレ　6枚
黒コショウ　適量

1　ソッカの生地を仕込む。水、E.V. オリーブオイル、ヒヨコマメ粉をミキサーで混ぜる。この状態で冷蔵保存しておく。
2　焼き野菜をつくる。野菜類は季節ごとに好みのものを使う。キュウリは輪切り、コリンキーは薄切り、カリフラワーとブロッコリーは小房に分け、ダイコン類は皮つきのままいちょう切りにする。レンコンは皮をむいていちょう切りにする。
3　フライパンに E.V. オリーブオイルをひき、**2**の野菜類を入れて塩をふり、食感が残る程度に炒める。
4　付合せの生野菜を準備する。葉野菜を適当な大きさにちぎる。
5　アンチョビ入りのマヨネーズソースをつくる。材料をすべて容器に入れ、バーミックスで撹拌する。
6　ソッカを焼く。テフロン加工のフライパンを温め、E.V. オリーブオイルをひいて**1**の生地を流す。
7　焼き色がついたら裏返して反対側も焼き色がつくまで焼き、塩、黒コショウをふる。
8　**7**のソッカを皿に敷き、**2**の焼き野菜を生地の半面にのせ、**5**のソースをかけて2つ折りにする。
9　E.V. オリーブオイル、塩、黒コショウで和えた**4**の葉野菜を添えて提供する。

スープ オー ピストゥ

（写真→ P.86）

■材料　10皿分

ベーコン　90g

Ⓐ
- 黒ダイコン　100g
- 紅しぐれダイコン　100g
- 紅芯ダイコン　100g
- ジャガイモ　150g
- 白ニンジン　100g
- ニンジン　100g
- カブ（あやめゆき）　100g

ズッキーニ　100g
コリンキー　50g
ブロッコリー　50g
カリフラワー　50g
シメジ　50g
インゲンマメ　40g
平インゲンマメ　40g
ニンニク（みじん切り）　2片
プチサレのだし※1　適量

仕上げ（1皿分）

根菜のスープ　適量
白インゲンマメ（炊いたもの）※2　大さじ2
ピストゥソース※3　適量

※1　プチサレのだしは、「プチサレとランティーユ」（P.112）をつくるときに出る煮汁を使う。

※2　白インゲンマメの炊き方
　■材料　つくりやすい分量
　白インゲンマメ（北海道産）　200g
　タマネギ　1/2個
　ニンジン　1/2本
　セロリ　1本
　ニンニク　1/2片

1　白インゲンマメを水に1日浸けてもどす。
2　1の水を捨てて白インゲンマメを鍋に入れ、ひたひたの水を加えて沸かす。
3　皮をむいたタマネギ、ニンジン、セロリ、ニンニクを切らずに加え、アクをとりながら弱火で煮る。
4　炊き上がったら煮汁ごと冷ます。

※3　ピストゥソースのつくり方
　■材料　つくりやすい分量
　バジルの葉（フレッシュ）　30g
　ニンニクのコンフィ　1片
　クルミ　10g
　パルメザンチーズ　10g
　E.V. オリーブオイル　45mℓ

1　バジルをすり鉢に入れ、すりこぎで叩く。ピストゥソースはフードプロセッサーでもつくれるが、すり鉢とすりこぎでつくると繊維が残りやすく、香り高く仕上がる。
2　バジルをつぶしたら、ニンニクのコンフィとクルミ、チーズを加えてさらにつぶす。ニンニクのコンフィは、皮をむいたニンニクを低温の油でじっくりと火入れし、そのままオイルに漬けて保存しておいたもの。
3　E.V. オリーブオイルを少しずつ加えて、よく混ぜる。

1　根菜のスープをつくる。ベーコン、Ⓐの根菜類、ズッキーニ、コリンキーは棒状に切る。ブロッコリー、カリフラワーとシメジは小さめの房に分ける。インゲンマメ、平インゲンマメは長さ2cmに切って茹でる。
2　鍋にベーコンとニンニクを入れて炒める。香りが出たらⒶを加えて炒め、さらにズッキーニを加えて炒める。
3　プチサレのだしを、ひたひたよりやや多めに加える。
4　一度沸かしてアクをとり除いてから、コリンキー、ブロッコリー、カリフラワー、シメジを加える。
5　根菜類に火が入ったら火を止める。インゲンマメ、平インゲンマメを加える。
6　オーダーが入ったら**5**の根菜のスープ1皿分に白インゲンマメを加えて温める。ピストゥソースを添えて提供する。

ブリ大根

(写真→ P.86)

■材料　1皿分

紅しぐれダイコン　40g
オリーブオイル　適量
プチサレのだし※1　適量
バター　適量
ブリ（北海道・余市産）　130g
ソース　50㎖（下記はつくりやすい分量）
┌ 赤ワイン　750㎖
│ エシャロット（みじん切り）　100g
└ ジュ・ド・ビアンド※2　200㎖
ブラックオリーブ（タジャスカ種）　3粒
塩、黒コショウ　各適量
春菊　適量
塩（仕上げ用。フランス・ゲランド産）　適量

※1　プチサレのだしは、「プチサレとランティーユ」（P.112）をつくるときに出る煮汁を使う。

※2　ジュ・ド・ビアンドのつくり方
■材料　つくりやすい分量（約500㎖）
ミルポワ
　（タマネギ150g、ニンジン160g、セロリ70g、ニンニク½個）
サラダオイル　適量
牛スジ肉　2.5kg
塩　適量
黒粒コショウ　適量

1　ミルポワの野菜を切る。タマネギ、ニンジン、セロリを角切りにする。ニンニクは皮つきのまま横半分に切り、そのまま½個を使う。
2　鍋にサラダオイルを入れて熱し、牛スジ肉を入れて表面が茶色くなるまで焼く。肉を鍋からとり出してザルにあげておく。
3　**2**の鍋の余分な脂を捨てて、新しい油を少量足し、**1**の野菜を入れ、塩をふり、やわらかくなるまで炒める。ひたひたより少し多めの水（材料外）を加え、牛スジ肉と黒粒コショウを入れて沸かす。アクをとりながら弱火で約2時間煮て漉す。粗熱をとってから密閉式の袋に入れて冷凍保存する。

1　紅しぐれダイコンは皮をむいて適当な厚さの輪切りにして面取りする。
2　鍋にオリーブオイルと**1**のダイコンを入れ、ダイコンを軽くソテーする。プチサレのだしをひたひたになるまで注いで火を通し、バターを加える。
3　ブリを準備する。フライパンにオリーブオイルを入れて熱し、ブリの表面を軽く焼きつけ、その後弱火でゆっくりと火を入れてロゼに仕上げる。
4　ソースを仕込む。赤ワインとエシャロットを鍋に入れて加熱し、詰まってきたらジュ・ド・ビアンドを加え、半量になるまで煮詰める。
5　**4**のソース50㎖にバターを加えて濃度をつけたあと、オリーブを加え、塩、黒コショウで調味する。
6　**2**のダイコンを皿に盛り、**3**のブリを2つに切ってダイコンの上にのせる。**5**のソースを周囲にかける。
7　E.V. オリーブオイル、塩、黒コショウで和えた春菊を飾る。全体に塩、黒コショウをふって提供する。

ブランダード

(写真→ P.87)

■材料　つくりやすい分量
　（直径10.5cm×高さ2.8cmの容器10～11個分）

タラ（切身）　1.2kg
粗塩　適量
水　2ℓ
牛乳　500㎖
ニンニク（皮つき）　5片
エルブ・ド・プロヴァンス　適量
ジャガイモ　1kg
バター　150g
生クリーム（乳脂肪分38％）Ⓐ　300㎖
牛乳　300㎖
E.V. オリーブオイル　50㎖
塩　適量
生クリーム（乳脂肪分38％）Ⓑ　適量
グリュイエールチーズ　適量
黒コショウ　適量

1　タラに粗塩をふって4日間冷蔵庫でねかせる。
2　**1**を流水に1～2時間さらして、塩けを抜く。
3　鍋に水、牛乳、皮つきのニンニクを入れて沸かす。エルブ・ド・プロヴァンスも加えて香りづけする。**2**のタラを粗く刻んで加え、火を止めて蓋をして30分間おき、余熱で火を入れる。
4　タラをザルにあげて水けをきる。**3**のニンニクは皮をむいてみじん切りにしておく。
5　ジャガイモを蒸して皮をむき、別の鍋に入れる。つぶしながらバターをからめる。
6　**5**に**4**のタラの身をほぐして入れ、**4**のニンニクも加える。
7　**6**に、生クリームⒶと牛乳をひたひたになるまで注ぎ、弱火にかけて混ぜながらのばす。
8　E.V. オリーブオイルを加えて混ぜ、塩で味をととのえる。
9　**8**を容器（同店ではチーズ「サン・マルセラン」の空き容器を使っている）に入れ、上から生クリームⒷ、グリュイエールチーズをかける。
10　200℃のオーブンで6～7分間焼く。黒コショウをふって提供する。

プチサレとランティーユ

(写真→ P.88)

■材料　1皿分

プチサレ　1切れ（下記は16皿分の分量）
- 豚バラ肉（ブロック）　4kg
- 粗塩　適量
- セロリ　1本
- ニンジン　1本
- タマネギ　1個

レンズマメの煮込み　適量（下記は16皿分の分量）
- ベーコン　20g
- セロリ　1本
- ニンジン　1/2本
- タマネギ　1/2個
- ニンニク（みじん切り）　1片
- レンズマメ（水でもどさずそのまま使用）　300g
- プチサレのだし　適量

トマト　1個
タマネギ（みじん切り）　1/4個
レモン果汁　1個分
塩、黒コショウ　適量
E.V. オリーブオイル　適量
薄力粉　適量
塩（仕上げ用。フランス・ゲランド産）　適量

1 プチサレをつくる。まず、豚バラ肉の下準備をする。豚バラ肉に粗塩をまぶし、ラップフィルムをかけてビニル袋に入れ、冷蔵庫で4〜7日間ねかせる。

2 セロリは丸のまま、ニンジンとタマネギは皮をむいて適当な大きさに切る。

3 1を冷蔵庫から出し、水で表面の塩を洗い流して4等分に切る。鍋に入れ、ひたひたよりやや多めの水（材料外）を加えて加熱し、沸いたら2を加える。

4 2〜3時間弱火で煮る。このときに出るだしは、レンズマメの煮込みや、他のメニューに活用する。

5 肉がやわらかくなったら火を止めてそのまま冷まし、1日おく。表面に浮かんだ脂はとりおき、肉はとり出してそれぞれ適当な大きさ（4等分）に切っておく。

6 レンズマメの煮込みをつくる。ベーコンとセロリ、ニンジン、タマネギを角切りにする。

7 鍋に6のベーコンを入れて焼き色をつけ、ニンニクを加えて香りを出す。セロリ、ニンジン、タマネギを加え、香りが出てきたら、レンズマメを入れる。プチサレのだしをひたひたよりやや多めに加えて沸かし、アクをとりながら2〜3時間煮る。粗熱をとる。

8 オーダーが入ったら、7を温める。

9 トマトを角切りにして、タマネギ、レモン果汁、塩、黒コショウ、E.V. オリーブオイルで和える。

10 5の豚バラ肉に薄力粉をまぶし、とりおいた脂をフライパンにひいて、表面を焼きつける。

11 皿に8を盛り、9、10をのせ、塩をふる。

国産牛ハラミステーキ

(写真→ P.89)

■材料　1皿分

付合せ
- E.V. オリーブオイル　適量
- チンゲンサイ　1/2株
- 水　適量
- 塩　適量
- ジャガイモ（キタアカリ）　4個
- サラダオイル　適量

牛ハラミ　220g
バター　適量
オリーブオイル　適量
塩（フランス・ゲランド産）、黒コショウ　各適量
ディジョンマスタード　適量

1 付合せをつくる。フライパンにオリーブオイルを入れて熱し、チンゲンサイを入れて油をからませる。少量の水を入れて、蓋をして蒸し焼きにする。仕上げに塩をふる。

2 ジャガイモは皮をむいて適当な大きさに切り、160℃のサラダオイルで5〜6分間、包丁がすっと入るようになるまで揚げる。

3 牛ハラミを焼く。フライパンにバターとオリーブオイルを入れて熱し、常温にもどして塩をふった牛ハラミを入れ、表面に焼き色をつける。

4 3を200℃のオーブンに入れて6分間焼き、6分間やすませる。再度200℃のオーブンで4〜5分間焼き、4〜5分間やすませる。

5 肉をやすませている間に、200℃に熱したサラダオイルで2のジャガイモを表面がキツネ色になるまで揚げる。塩をふって皿に盛る。

6 1のチンゲンサイも同じ皿に盛り、その上に4の肉をのせる。塩、黒コショウをふり、ディジョンマスタードを添えて提供する。

タコとアボカドのジェノベーゼ

（写真→ P.90）

■材料　1皿分

アボカド　1個
タコ（ボイル）　80g
エシャロット（みじん切り）　10g
塩、黒コショウ　各適量
醤油　適量
E.V. オリーブオイル　40㎖
ジェノベーゼソース※　50g

※ジェノベーゼソースのつくり方
　■材料　つくりやすい分量
　バジルの葉（フレッシュ）　200g
　パセリ　150g
　オリーブオイル　750㎖
　ニンニク　30g
　松ノ実　150g
　塩　15g
　白コショウ　40振り（約2.8g）
　グラナ・パダーノチーズ（挽いたもの）　450g

1 バジルの葉とパセリをよく洗い、水けをきる。オリーブオイルを冷蔵庫で冷やす（温度が高いとバジルが変色してしまうため）。
2 ニンニク、松ノ実、オリーブオイルの約⅓量をフードプロセッサーで撹拌し、ボウルに移す。
3 バジルの葉とパセリ、残りのオリーブオイルをフードプロセッサーで撹拌する。
4 **2**のボウルに**3**を加え、塩、白コショウ、グラナ・パダーノチーズを入れて混ぜる。
5 50gずつラップフィルムに包んで冷凍しておく。

1 アボカドの皮をむき、種をとり除く。アボカドとタコを食べやすい大きさに切る。
2 ボウルにエシャロットと**1**、塩、黒コショウ、醤油を入れて和える。
3 E.V. オリーブオイルで和え、さらに自然解凍したジェノベーゼソースで和えて皿に盛る。皿の周囲にもジェノベーゼソースをちらし、黒コショウをふって提供する。

パテ・ド・十番

（写真→ P.91）

■材料　20皿分
（18㎝×8㎝×高さ6㎝のテリーヌ型4台分）

A ┬ 豚モモ粗挽肉　2kg
　├ 豚ホホ粗挽肉　500g
　├ 鶏白レバー　900g
　├ ニンニク（みじん切り）　40g
　├ 全卵　8個
　├ パセリ　適量
　├ 塩　52g
　├ 白コショウ　16g
　└ バーベキュー用ミックススパイス（市販品）　10g
ローリエ（ドライ）　8枚（テリーヌ型1台につき2枚）
豚の網脂　適量
野菜のピクルス※　適量
ディジョンマスタード　適量

※野菜のピクルスのつくり方
　■材料　つくりやすい分量
A ┬ キュウリ　2本
　├ パプリカ（赤、黄）　各1個
　├ ゴーヤ　½本
　├ ニンジン　1本
　└ ヤングコーン　10本
塩　適量
B ┬ 白ワインビネガー　250㎖
　├ 水　250㎖
　├ グラニュー糖　100g
　├ ローリエ（ドライ）　3枚
　├ クローブ　5本
　├ タカノツメ　3本
　├ 塩　1g
　└ 黒コショウ　1g

1 Ⓐを食べやすい大きさにカットして、塩をふり、混ぜる。野菜から水分が出たら、キッチンペーパーで水けをとる。
2 Ⓑの材料を合わせて火にかけ、沸騰させる。
3 **1**の材料を密閉容器に入れ、**2**を注ぐ。

1 Ⓐの材料をすべてボウルに入れて混ぜる。
2 **1**をフードプロセッサーで2〜3分間撹拌する。
3 テリーヌ型にクッキングシート、ローリエ、豚の網脂を敷いて**2**を詰める。冷蔵庫でひと晩ねかせる。
4 160℃のオーブンで90分間湯煎焼きする。焼き上がったら重しをして氷をあてて冷まし、冷蔵保存する。
5 オーダーが入ったらパテを切り分け、ピクルス、ディジョンマスタードを添えて提供する。

丸ごとトマトとコリアンダーの
チリコンカルネ

(写真→ P.91)

■材料　1皿分

チリコンカルネ　適量（下記は20皿分の分量）
- 豚粗挽肉　1kg
- サラダオイル　適量
- ニンニク（みじん切り）　50g
- タマネギ（みじん切り）　500g
- チリパウダー　50g
- コリアンダーシード　15g
- クミンシード　20g
- 赤ワイン　100㎖
- ホールトマト　200g
- 水　200㎖
- ヒヨコマメ（水煮）　約800g（4号缶2個分）

トルティーヤ　2枚
トマト　1個
コリアンダーの葉　適量
サワークリーム　適量

1　チリコンカルネをつくる。豚粗挽肉を焦げ目がつくまでサラダオイルで炒める。
2　別の鍋でサラダオイルを熱してニンニクを入れ、香りが立ったら、タマネギを加えてキツネ色になるまで炒める。
3　**2**にチリパウダー、コリアンダーシード、クミンシードを加え、焦がさないように炒める。
4　**3**に**1**の豚粗挽肉を加え、赤ワインを注いでアルコールを飛ばす。つぶしたホールトマト、水を加え、弱火で水分が飛ぶまで煮込む。
5　ヒヨコマメを加え、沸騰させる。
6　皿にトルティーヤ、ヘタをとったトマト、コリアンダーの葉をのせ、**5**を盛り合わせる。サワークリームを添えて提供する。

生ハムとフルーツの葉野菜サラダ

(写真→ P.92)

■材料　1皿分

白ブドウ（種なし）　4粒
黒ブドウ（種なし）　4粒
イチゴ　2粒
キウイ　½個
生ハム（イタリア・パルマ産）　2枚
E.V. オリーブオイル　適量
黒コショウ　適量
エンダイブ　6枚
トレビス　2枚
ワサビ菜　2枚
ドレッシング※　適量
クルミ（ロースト）　適量

※ドレッシングのつくり方
■材料　20皿分
- タマネギ（みじん切り）　300g
- アンチョビフィレ　20g
- 白ワインビネガー　400㎖
- E.V. オリーブオイル　200㎖
- サラダオイル　200㎖
- 醤油　10㎖
- 塩　20g
- 白コショウ　10振り（約0.7g）
- 昆布茶　小さじ1½

材料をすべてフードプロセッサーに入れ、撹拌する。

1　ブドウは2等分、イチゴは4等分に切る。キウイは皮をむいて縦に8等分に切る。生ハムは食べやすい大きさに切る。E.V. オリーブオイルと黒コショウで和える。
2　エンダイブ、トレビス、ワサビ菜は食べやすい大きさにちぎり、ドレッシングで和える。
3　クルミは適当な大きさに砕く。
4　**2**の葉野菜を皿に盛り、**1**のフルーツと生ハムをのせる。**3**のクルミをかけ、黒コショウをふって提供する。

帆立とマッシュルームのバターソテー ルッコラセルバチコとペコリーノ

(写真→P.93)

■材料　1皿分

ホタテ貝柱(冷凍)　4個
バター　40g
白ワイン　50ml
タプナード※　適量
ホワイトマッシュルーム(薄切り)　4個
ブラウンマッシュルーム(薄切り)　4個
E.V. オリーブオイル　適量
黒コショウ　適量
セルバチコ　適量
ポーチ・ド・エッグ　1個
ペコリーノ・ロマーノチーズ(薄切り)
　約30g(5〜6枚分)

※タプナードのつくり方
　■材料　つくりやすい分量
　ドライトマト　50g
　ケッパー　50g
　アンチョビペースト　30g
　ニンニク　8g
　ブラックオリーブ　180g

　1　ドライトマト、ケッパー、アンチョビペースト、ニンニクをフードプロセッサーで撹拌する。アンチョビペーストはアンチョビフィレをフードプロセッサーで撹拌し、なめらかな状態にしたもの。
　2　ブラックオリーブを加え、粒が残る程度に撹拌する。

1　冷凍ホタテ貝柱を流水解凍し、水けをきる。
2　熱したフライパンにバターを入れて溶かし、**1**をソテーする。
3　白ワインでフランベする。タプナードをからめて火を止め、2種のマッシュルームを加える。
4　**3**を皿に盛り、E.V. オリーブオイルと黒コショウで和えたセルバチコをのせる。
5　中央をくぼませてポーチ・ド・エッグをのせる。
6　ペコリーノ・ロマーノチーズをちらし、黒コショウをふって提供する。

カモの燻製 テット・ド・モアンヌとバルサミコ

(写真→P.94)

■材料　1皿分

鴨の燻製(薄切り)　8枚(下記はつくりやすい分量)
　鴨ムネ肉　4枚
　ソミュール液※　適量(下記はつくりやすい分量)
　　赤ワイン　200ml
　　水　200ml
　　塩　20g
　　ローリエ　2枚
　　セージ(パウダー)　大さじ2
　　黒コショウ　適量
　スモークチップ(桜)　30g
テット・ド・モアンヌチーズ　20g
バルサミコソース(市販品)　適量
E.V. オリーブオイル　適量
黒コショウ　適量

1　鴨肉を掃除する。皮に生えている毛などを毛抜きで抜く。皮に格子状に切り目を入れる。赤身の表面の筋などをとり除く。
2　ソミュール液をつくる。アルコールを飛ばした赤ワインに、その他の材料をすべて加えて煮立たせる。粗熱をとったソミュール液を密閉式の袋に入れ、**1**の鴨ムネ肉を入れてひと晩おく。
3　**2**の鴨ムネ肉を90℃で20分間蒸し、粗熱をとってからラップフィルムなどをかけずに冷蔵庫に保管する。
4　フライパンにスモークチップを入れて熱し、煙が出てきたら火を止めて**3**の鴨ムネ肉を置き、蓋をして5分間スモークをかける。
5　薄切りにした鴨の燻製を皿に盛り、その上に削ったテット・ド・モアンヌチーズをのせる。バルサミコソース、E.V. オリーブオイルを添え、黒コショウをたっぷりかけて提供する。

特製ミートパイ

(写真→ P.95)

■材料　1皿分

牛ホホ肉の赤ワイン煮　80g（下記は20皿分の分量）
- サラダオイル　適量
- タマネギ（みじん切り）　1kg
- ニンニク（みじん切り）　20g
- ニンジン（みじん切り）　1本
- 牛粗挽肉　700g
- 牛ホホ肉　1.5kg
- トマトペースト　100g
- ホールトマト　300g
- 赤ワイン　1ℓ
- ブロード　700㎖
- ローリエ（ドライ）　4枚
- デミグラスソース　100g
- グラニュー糖　30g

マルサラソース　40㎖（下記はつくりやすい分量）
- マルサラ酒　400㎖
- ポルト酒（ルビー・ポート）　100㎖
- 塩　3g
- グラス・ド・ビアンド　300g
- 生クリーム（乳脂肪分42%）　200㎖
- バター　120g

マッシュポテト　100g（下記は25皿分の分量）
- ジャガイモ（メークイン）　2kg
- 牛乳　300～400㎖
- 生クリーム（乳脂肪分42%）　250～300㎖
- バター　150g
- 塩　適量
- 白コショウ　適量

冷凍パイシート（市販品。20cm×20cm）　2枚
溶き卵　適量

1　牛ホホ肉の赤ワイン煮をつくる。サラダオイルをフライパンに入れて熱し、タマネギをアメ色になるまで炒める。

2　ニンニク、ニンジン、牛粗挽肉を**1**に加えて炒める。

3　別のフライパンにサラダオイルをひき、牛ホホ肉を焦げ目がつくまで焼く。

4　**2**、**3**を鍋に入れ、トマトペースト、ホールトマト、赤ワイン、ブロード、ローリエを加えて約3時間、弱火で煮込む。

5　デミグラスソースとグラニュー糖を加えてさらに1時間煮込んで、必要があれば塩（材料外）で味をととのえる。粗熱をとって冷蔵保存する。

6　マルサラソースをつくる。マルサラ酒、ポルト酒を鍋に入れて加熱し、アルコールを飛ばす。

7　塩、グラス・ド・ビアンドを加えて、吹きこぼれないように火力を調整しながら加熱する。

8　生クリームを加え、ある程度煮詰まったらバターを加えて濃度をつける。

9　マッシュポテトをつくる。ジャガイモを皮つきのまま水から茹でて、皮をむく。

10　**9**をマッシャーでつぶして鍋に入れ、牛乳、生クリームを加えて混ぜながら弱火で加熱する。バターを加え、塩、白コショウで調味する。

11　パイ包みをつくる。冷凍パイシートを解凍し、中央に**5**の牛ホホ肉の赤ワイン煮をのせ、溶き卵を四方にぬって上から別のパイシートをのせて周囲をとじる。上面に溶き卵をぬって、240℃のオーブンで15分間焼く。

12　**9**のマッシュポテトを皿の中央に盛り、周囲に**8**のマルサラソースをかける。マッシュポテト上に**11**をのせて提供する。

ムール貝のエスカルゴバター焼き プロヴァンサル

(写真→ P.96)

■材料 4皿分

エスカルゴバター 100g（下記はつくりやすい分量）
- オリーブオイル 適量
- エシャロット（みじん切り） 50g
- パセリ（みじん切り） 50g
- ニンニク（みじん切り） 50g
- アーモンドスライス 30g
- バター 450g
- 塩 10g

ムール貝 2kg
白ワイン 100㎖
水 1ℓ
トマトフォンデュ※1 10g
香草パン粉※2 15g

※1　トマトフォンデュは、ホールトマト 500g、湯むきして種をのぞいたトマト 4個分、タマネギ（アメ色になるまで炒めたもの）½個分を合わせて水分がなくなるまで煮詰め、塩で味をととのえたもの。

※2　香草パン粉は、パン粉 100g、パセリのみじん切り 10g、ニンニクのすりおろし 20g、E.V. オリーブオイルをすり混ぜたもの。

1　エスカルゴバターをつくる。鍋にオリーブオイルを入れて熱し、エシャロット、パセリ、ニンニクを炒める。アーモンドスライスは 200℃のオーブンで、片面 2分ずつくらい、様子を見ながらローストする。

2　冷ました**1**とバター、塩をフードプロセッサーに入れ、撹拌する。

3　ムール貝は掃除をしてから鍋に入れ、白ワインと水を加えて火にかける。殻が開いたら火を止め、身をはずす。

4　ムール貝の殻に、**3**のムール貝の身、**2**のエスカルゴバター、トマトフォンデュ、香草パン粉の順にのせ、200℃のオーブンで 10～12分間焼く。

自家製有機野菜のピクルス

(写真→ P.97)

■材料 15皿分

黄ニンジン 2本
レンコン 2節
カリフラワー 2個
キュウリ 8本
カブ 8個
ヤングコーン 5本
パプリカ（赤、黄） 各2個
ピクルス液
- ニンニク（芯を抜いて半割にする） 1片
- タカノツメ（種をとる） 1本
- 塩 100g
- グラニュー糖 80g
- 三温糖 20g
- エストラゴン 30g
- マスタードシード 10g
- 米酢 1ℓ
- 水 1ℓ

1　黄ニンジンとレンコンは皮をむき、スライスして下茹でする。その他の野菜は、やや大きめのひと口大に切る。

2　ピクルス液の材料を合わせて火にかけ、ひと煮立ちしたら**1**を加えて火を止める。そのまま冷まし、翌々日から提供する。

猪とゴボウのテリーヌ

(写真→ P.97)

■材料　12皿分
(23cm×17cm×高さ7cmの楕円の型2台分)

ゴボウ　2本
マデラ酒　50ml
フォン・ド・ヴォー※1　200ml
猪肉　1.3kg（肩ロース肉1kg、ウデ肉300g）
豚クビ肉　200g
鶏レバー　300g
タマネギ（アメ色になるまで炒めたもの）　200g
ニンニク　½片
白ワイン　100ml
塩　適量
豚の網脂　適量
ビネグレットソース※2　適量
セルバチコ　適量
粒マスタード　適量

※1　フォン・ド・ヴォーのつくり方は、次の通り。仔牛の骨を水でさらしてから茹でこぼし、オーブンで焼く。ニンジン、タマネギ、ニンニク、セロリをフライパンで炒め、焼いた骨とともに寸胴鍋に入れ、たっぷりの水を加えて沸かす。アクをとり、トマトペースト、トマト、タイムを入れて丸2日間煮込む。仕込んだ翌々日に漉して使う。

※2　ビネグレットソースは、エシャロット、シェリービネガー、E.V.オリーブオイル、サラダオイル、クルミオイル、米油、塩、白コショウを合わせたもの。

1　ゴボウは長さ2〜3cmに切り、サラダオイル（材料外）で素揚げする。油をきり、マデラ酒とフォン・ド・ヴォーを合わせた中に入れ、やわらかくなるまで煮る。

2　猪肉、豚クビ肉、鶏レバーは掃除をしてからタマネギ、ニンニク、白ワイン、塩を合わせた中に入れ、冷蔵庫で1日おく。

3　**2**をミートミンサーで粗く挽き、手で粘りが出るまで練る。

4　型に豚の網脂を敷き、**3**を詰め、140℃のオーブンで1時間15分ほど湯煎焼きする。

5　焼き上がったらオーブンから出し、重石をして氷水を入れたバットに入れ、冷やす。粗熱がとれたら重石をはずし、冷蔵庫でひと晩ねかせる。

6　カットして器に盛り、ビネグレットソースで和えたセルバチコ、粒マスタードを添える。

極上椎茸に詰めたホタテムースとズワイガニのロースト

(写真→ P.98)

■材料　4皿分

椎茸（大）　8個
ソース
　椎茸の軸　10個分
　水　適量
　生クリーム　200g
　塩　適量
ズワイガニ　1杯
ホタテ貝柱　200g
生クリーム　100g
塩　適量
コウタイサイ　適量

1　椎茸はかさと軸に分け、軸でソースをつくる。鍋に、軸と軸が浸る程度の水を入れて火にかけ、煮立ったら火を弱めてとろっとするまで煮詰める（煮汁が⅓量になる程度）。生クリームを加えて混ぜ、塩で味をととのえる。軸をとり出し、みじん切りにして鍋にもどす。

2　ズワイガニは蒸して掃除し、胴体と脚の身をとり出す。

3　ホタテ貝柱をフードプロセッサーで撹拌してムース状にし、**2**の胴体のほぐし身100g、生クリームを加えて混ぜ、塩で味をととのえる。

4　**1**の椎茸のかさに**3**を詰め、その上に**2**でとりおいた脚の身をのせる。

5　200℃のオーブンで3分間焼く。器に盛り、上に茹でたコウタイサイをのせ、**1**のソースを添える。

白子のムニエル 焦がしバターとケッパーのソース

(写真→ P.99)

■材料　1皿分

白子　100〜150g
塩　適量
薄力粉　適量
バター　20g
ソース
├ フォン・ド・ヴォー※1　100㎖
├ 焦がしバター　30g
├ ケッパー　15粒
├ 米酢　大さじ2
└ 塩　少量
トマトフォンデュ※2　適量
香草パン粉※3　大さじ1
セルバチコ　適量

※1　フォン・ド・ヴォーのつくり方は、「猪とゴボウのテリーヌ」（P.118）を参照。

※2　トマトフォンデュのつくり方は、「ムール貝のエスカルゴバター焼き プロヴァンサル」（P.117）を参照。

※3　香草パン粉のつくり方は、「ムール貝のエスカルゴバター焼き プロヴァンサル」（P.117）を参照。

1　白子は塩をふって薄力粉をまぶし、バターを熱したフライパンでソテーする。さらに200℃のオーブンで1〜2分間焼き、裏返してもう1〜2分間焼く。フライパンにもどし、バターをかけながら香ばしく焼く。

2　ソースをつくる。鍋にフォン・ド・ヴォーを入れて火にかけ、少し煮詰める。焦がしバターを加え、ケッパー、米酢、塩を加えて味をととのえる。

3　器に**2**のソースを敷き、トマトフォンデュをのせ、白子を盛る。香草パン粉をふり、セルバチコをあしらう。

仔羊背肉のロースト 香草風味

(写真→ P.100)

■材料　1皿分

ソース　適量（下記はつくりやすい分量）
├ オリーブオイル　適量
├ エシャロット（みじん切り）　100g
├ マッシュルーム（みじん切り）　100g
├ コニャック　100㎖
├ 白ワイン　100㎖
├ フォン・ド・ヴォー※1　700㎖
├ フォン・ド・ヴォライユ※2　700㎖
├ パセリ（みじん切り）　適量
├ ディル（みじん切り）　適量
├ エストラゴン（みじん切り）　適量
├ セルフィーユ（みじん切り）　適量
└ 塩　適量
仔羊背肉　300g
塩　適量
オリーブオイル　適量
タイム（フレッシュ）　適量
季節の野菜　適量

（写真は、紅芯ダイコン、オニオンヌーボー、アスパラガス、黄ニンジン）

※1　フォン・ド・ヴォーのつくり方は、「猪とゴボウのテリーヌ」（P.118）を参照。

※2　フォン・ド・ヴォライユのつくり方は、次の通り。鶏ガラを水にさらして茹でこぼし、たっぷりの水とともに寸胴鍋に入れて沸かす。沸いたらていねいにアクをとり、ニンジン、タマネギ、ニンニク、セロリ、タイム、クローブを加えて3時間煮込む。

1　ソースをつくる。オリーブオイルをひいた鍋でエシャロットとマッシュルームを炒め、コニャック、白ワインを加えてアルコールを飛ばす。水けがなくなったらフォン・ド・ヴォーとフォン・ド・ヴォライユを加え、煮詰める。

2　**1**にパセリ、ディル、エストラゴン、セルフィーユを加え、塩で味をととのえる。

3　仔羊背肉は、余分な脂をとり除き、塩をふる。オリーブオイルを熱したフライパンで両面に焼き色をつけ、途中、肉から出た脂を回しかけながら焼く。しっかり焼き色がついたらタイムをのせ、200℃のオーブンで30〜40分間焼く。

4　季節の野菜は食べやすい大きさに切り、200℃のオーブンでグリル焼きする。

5　器に**2**のソースを敷いて**4**を盛り、カットした**3**を盛る。

山形県産ジャスミンライスを詰めた
津軽鶏モモ肉のロースト
生姜風味のソース

(写真→P.101)

■材料　1皿分

バター　5g
タマネギ（みじん切り）　5g
ジャスミンライス　180cc
水　適量
芝エビのすり身　150g
キノコのポワレ※1　100g
鶏モモ肉（津軽どり）　1枚（200～250g）
オリーブオイル　適量
ソース　適量（下記はつくりやすい分量）
├ オリーブオイル　適量
│ エシャロット（みじん切り）　100g
│ マッシュルーム（みじん切り）　100g
│ コニャック　100ml
│ 白ワイン　100ml
│ フォン・ド・ヴォー※2　1.4ℓ
│ 谷中ショウガのピクルス（みじん切り）※3　10本
└ 塩　適量
付合せの野菜　適量
　（写真は、紫カリフラワー、赤カブ、モロッコインゲン、コウタイサイ）

※1　キノコのポワレは、椎茸、エリンギなどを粗みじん切りにし、サラダオイルで炒めたもの。

※2　フォン・ド・ヴォーのつくり方は、「猪とゴボウのテリーヌ」（P.118）を参照。

※3　谷中ショウガのピクルスは、谷中ショウガを一度茹でこぼし、「自家製有機野菜のピクルス」（P.117）と同様のピクルス液に浸けたもの。

1　詰めものをつくる。フライパンにバターを入れて熱し、タマネギを加えて炒める。ジャスミンライスを加えて炒め、水を加えて蓋つきの耐熱容器に移し、180℃のオーブンで15分間火を入れる。芝エビのすり身、キノコのポワレを加え混ぜる。

2　鶏モモ肉に切り込みを入れ、**1**を詰める。オリーブオイルを熱したフライパンで両面に焼き色をつけてから、200℃のオーブンで10分間焼く。

3　ソースをつくる。鍋にオリーブオイルをひき、エシャロットとマッシュルームを炒め、コニャック、白ワインを加えてアルコールを飛ばす。水けがなくなったらフォン・ド・ヴォーを加え、煮詰める。最後に谷中ショウガのピクルスと塩を加え、味をととのえる。

4　ソースを器に敷き、茹でた付合せの野菜を盛り、**2**をのせる。

ワインショップ&ダイナー　フジマル　浅草橋店
夜木
ブレッド&タパス　沢村
エビイロ

個性派ワイン食堂

スペインバル、肉系ビストロの次に来るのはどんな業態？
ワインが日常的な食中酒として浸透してきたいま、
そうざい×ワイン、ベーカリーレストラン×ワインなど、
さまざまなスタイルのワイン食堂が誕生しています。
ここでは、新時代のワイン食堂の
店づくりとメニューを紹介します。

ワインショップに食堂を併設し、
多様なワインの楽しみ方を提案する

ワインショップ&ダイナー
フジマル
浅草橋店

神田川沿いの路地に建つビルの2階に立地。1階のアパレルショップを通り抜け、ビル内の階段を上って2階の入口に。

　2014年4月のオープン以来、夜は連日満席となる、東京・浅草橋の「ワインショップ&ダイナー フジマル」。自然派ワインを多く扱う大阪の「ワインショップ フジマル」の東京進出1号店だ。

　同店の最大の特徴は、ワインの豊富な品ぞろえ。グラスワインは20種を用意。ボトルで飲みたい場合は、約1200種のワインをそろえるショップを併設しているので、そこで買って持ち込むというスタイルだ。また、代表の藤丸智史さんがみずから大阪・柏原市で育てたブドウを使い、大阪市中央区にある「島之内フジマル醸造所」で仕込んだ、オリジナルの国産ワインも用意。このワインは、専用のステンレス樽で店舗に配送。ビン詰め時の酸化防止剤を添加することなく、フレッシュな状態で提供している。

　料理もユニークだ。メニューは、軽くつまめる「ワインのおつまみ」、サラダやグラタンなどの定番メニュー「スタンダード」、魚・肉を使用したメイン料理「ファーマーズセレクション」、全国の生産者や製造元とのコラボレーションによって生まれた「メーカーズセレクション」の4ジャンルで構成。ワインと同様、食材もすぐれたつくり手を発掘し、店から発信したいという考えから、メニュー表には食材の産地や製造元がきちんと明記されている。産地や製造元を吟味し、それをお客に伝えようとする姿勢は、ワインのアピール方法にも通じる。ワインショップやワインの製造を基盤とするフジマルならではの特徴だろう。

　厨房で腕をふるうのはシェフの山田武志さんだ。みずから産地を訪ねて吟味した食材を「ダイナー（食堂）」のコンセプトに合わせて調理する。看板メニューの「オマール海老のホットドッグ」（P.137）はオマールエビを半身使った食べごたえのある一品。ワインを片手にホットドッグを頬張るお客が見られるのも、同店ならではだ。

　ディレクターの木邨有希さんによれば、浅草橋店は「ワインの日常的な飲用を広めたい」と願う同社の「東京のモデルルーム」。13時から22時までの通し営業で、幅広い利用動機にこたえられる店をめざしている。

DATA

東京都中央区東日本橋 2-27-19　Sビル2F
03-5829-8190

開業……… 2014年4月
営業時間… 13：00 ～ 22：00
定休日…… 火曜、第2水曜
席数……… 19（カウンター7席、テーブル12席）
価格帯…… ワインのおつまみ 500～900円
　　　　　 スタンダード 400～1500円、
　　　　　 ファーマーズセレクション 900円～、
　　　　　 メーカーズセレクション 500円～
ワイン…… 自社醸造のワインと自然派を中心とした世界各国のワインを用意。ボトルは、ワインカーブからの持ち込みで、小売価格 3000円未満はプラス 1500円、3000円以上はプラス 1000円。グラス 20種 500～1200円。自家醸造のワインはグラス 500円、カラフェ 2000円

上／約1200種のワインがそろうカーブは、ワインショップとしても機能しており、食事はせずワインのみを購入するお客もいる。ソムリエの伊禮達哉さんが管理している。右／大阪で自家醸造したワインは、酸化しにくい専用のステンレス樽で配送する。サーバーで注いで提供している。

右奥から時計回りにスタッフの嘉数 望さん、ディレクターの木邨有希さん、ソムリエの伊禮達哉さん、スタッフの佐久間 遥さん、シェフの山田武志さん。山田さんは、ハンガリーやフランス、東京の有名店でも修業。ソムリエの資格ももつ。

アパレルショップだった物件を改装して食堂に。写真手前はオープンキッチンに面したカウンター席、奥のソファ席の後ろは14℃に保たれたワインカーブ。お客は自由にワインカーブに入ってワインを選ぶことができる。窓際はスタンディング用のカウンターで、窓から神田川が望める。

ジャズの流れるワインバーで
季節感あふれる和食＆イタリアンを

夜木

YOGI

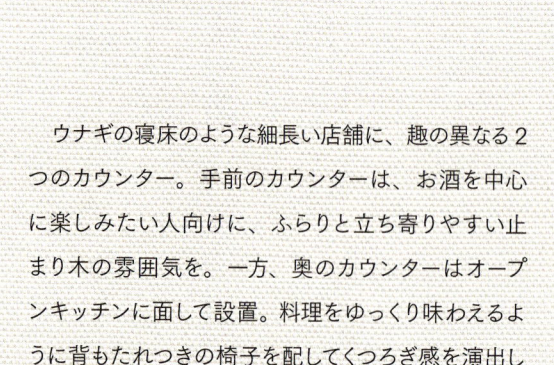

左／JR恵比寿駅から徒歩3分。大きな木樽とワインボトル形の看板が目印。上／リラックスしてほしいという思いが伝わるメッセージボード。

　ウナギの寝床のような細長い店舗に、趣の異なる2つのカウンター。手前のカウンターは、お酒を中心に楽しみたい人向けに、ふらりと立ち寄りやすい止まり木の雰囲気を。一方、奥のカウンターはオープンキッチンに面して設置。料理をゆっくり味わえるように背もたれつきの椅子を配してくつろぎ感を演出している。

　オープンは、2011年7月。宮城・仙台と東京都内で飲食店を展開する㈱コンセプションが立ち上げた新コンセプトのワインバーが「夜木」だ。スペインバルが盛況だった時代に「惣菜とワイン」という斬新なコンセプトを掲げて開業当時から注目を集めたが、4年めを迎えた14年からはさらにワインに注力し、ワインバーとしての魅力を強化。また同店では、和食の板前とイタリアンのシェフが厨房に立ち、本格的な和食とイタリア料理の両方を楽しめるようにするなど、より個性をきわ立たせた店づくりを行っている。

　「当店は、本格的にワインを楽しむ専門店というよりは、ワインを好きになる"入門編"といった立ち位置。ビオワインもそうでないものもそろえており、世界中のいろいろなワインを気軽に飲める、というのを売りにしています」と語るのは、同社常務取締役の森山裕之さん。最近はとくに生産者の顔が見えるワインに傾倒しているという。「生産者の思いやエピソードもできるだけお客さまにお伝えして、ワインをもっと楽しんでいただけるように心がけています」と森山さんは話す。

　料理は、看板商品の宮城・南三陸町産のムール貝を使った「ムール貝の白ワイン蒸し」（P.141）など、東北直送の魚介が売りのひとつ。季節の素材を主役に、刺身や土瓶蒸し、炊き込みご飯といった和食と、アクアパッツァやパスタなどのイタリア料理を自由な組合せで楽しめる。「和食とワインって合うの？」といった心配は、ここでは無用。心地よく響くジャズのサウンドとともに、思い思いの時間を満喫できる。

DATA

東京都渋谷区東 3-16-10　三浦ビル1F101
03-5422-6230

開業 ········ 2011年7月
営業時間 ····· 17：00 ～翌2：00
定休日 ······ 無休
席数 ········ 32（カウンター20席、テーブル12席）
価格帯 ······ 前菜600～890円、サラミ＆生ハム 600～1480円、
　　　　　　チーズ600円、和食 700～900円、
　　　　　　酒菜 570～890円、野菜 580～880円、
　　　　　　揚げもの 500～850円、ムール貝 900円、
　　　　　　主菜 1680円～、食事 1180～1280円、
　　　　　　デザート 500～600円
ワイン ······ ボトルワインは、フランス産とイタリア産を中心に、
　　　　　　国産、ニュージーランド産など40種ほど。
　　　　　　3500～12800円で、中心価格帯は4000円台。
　　　　　　グラスは泡2種、赤・白各5種ずつを
　　　　　　700～1500円で提供

メニューは日替わりが中心。刺身だけで7種類をそろえるほか、山形牛や秋田かづの牛など肉にもこだわりが。グラスワインの銘柄もメニュー表に記載。

厨房に面した店内奥のカウンター席は、ゆったりと食事ができるように天板の幅を広めに確保し、座り心地のよい椅子を配置。頭上にずらりと並ぶワインボトルが、ワインバーの雰囲気を高めている。

入口から奥に向かって細長い、19坪の店舗。キャンドルの光がやさしく手元を照らす。手前のカウンターは杉の一枚板で、すべすべとなめらかな質感が安らぎを与えてくれる。

和食店やホテルで13年間修業を積んだ松澤嘉貴さん（右）と、イタリアでの修業経験もある清水康貴さん（左）。お互いの得意分野を生かしながらメニュー開発を行っている。

自家製パンと楽しむ
厳選ワイン&欧風小皿料理

ブレッド&タパス 沢村

Bread & Tapas SAWAMURA

広尾と西麻布の中間あたり、外苑西通り沿いに立地するガラス張りの店舗。周囲は高級レストランが集まるエリアで、ワインを飲み慣れたお客も多い。

　長野・軽井沢に本店を構えるベーカリーレストラン「沢村」。その3店舗めとしてオープンした広尾店は、1階がパン工房を備えたベーカリー&カフェ。2階がワインバーで、螺旋状の階段を上ると、半円形のカウンターを中心にしたシックで落ち着いた空間がお客を出迎える。「100席を超える丸の内店や軽井沢店と違ってコンパクトな店舗なので、気軽に利用していただけるよう、カジュアル感を大事にしています」と語るのは、シェフの小柳眞廣さん。お客とスタッフの距離感もほどよく保たれ、女性の1人客が多いというのもうなずける。

　メニューのコンセプトは、「パンと小皿料理」。注文後、まずお通しとして出されるのが数種類を盛り込んだ小さな籠盛りのパン。25種類の粉と4種類の酵母を使い分け、毎朝1階の工房で焼いているというパンは、どれも噛むほどに味わい深く、立派なワインのつまみに。約40品のフードは、イタリア、フランスを中心とするヨーロッパ料理が中心。パテやアヒージョ、自家製ソーセージなどパンと一緒に食べたくなる料理をそろえる一方、シェフの小柳さんはベーシックな料理にもひと工夫加えて印象深い味に仕上げている。たとえば「カポナータ」(P.147)は野菜のシャキシャキとした食感を残してフレッシュな味わいを楽しませ、「ボロネーゼ」(P.150)はごろごろっとした肉の存在感を主張させる、といった具合だ。

　ワインは、約40種と種類は多くないが、銘柄を厳選して誰もがおいしいと思うものをタイプ別にそろえている。たとえばグラスは赤・白各3種を用意するが、すべてフランス産の日もあればチリ産の日もあり、国籍にはこだわらない。「最近注目しているのは、シチリアのワイン。個性的でしっかりとしたタイプのワインが多いので気に入っています」と店長の北原博光さんは言う。

　朝7時にオープンし、深夜まで営業。近隣の朝食需要から主婦に人気のランチ、仕事帰りのディナーまで多様なニーズにこたえている。

DATA

東京都港区南麻布5-1-6　ラ・サッカイア南麻布1・2F
☎ 03-5421-8686

開業 ……… 2011年6月
営業時間　1Fベーカリー・カフェ　7:00〜22:00
　　　　　2Fレストラン モーニング7:00〜L.O.10:00、
　　　　　ランチ 11:00〜L.O.16:00、
　　　　　ディナー 17:00〜L.O.翌3:00
　　　　　(日曜・祝日　〜L.O.22:00)
定休日 …… 無休
席数 ……… 28(カウンター12席、テーブル16席)
価格帯 …… アペタイザー&サラダ594〜1965円、
　　　　　タパス702〜1058円、グリル756〜2376円、
　　　　　パスタ1188〜2052円、デザート702〜864円
ワイン …… ボトルは常時50種ほどで3888円〜。
　　　　　季節に合わせたラインアップを意識。
　　　　　グラスは泡1種、赤・白各3種で1000円〜

上／常時50種のパンが並ぶ1階。ハード系はもちろん、キッシュやミートパイなどワインに合うおつまみパンも豊富。右／1階のカフェでは購入したパンやドリンクを楽しめる。

シェフの小柳眞廣さん。「沢村」丸の内店に開業時から4年間勤めたのち同店へ。和食店など他業態の経験も豊富で、多彩な引き出しをもつ。

2階。黒と光沢のある木目を基調にした内装は上品で落ち着きがあり、男性客も来店しやすい雰囲気。店内中央のカウンター席は厨房に面していて、調理のライブ感も感じられる。

季節メニューなどを書いた黒板を2階の店内や1階の入口に掲げ、インテリアの要素に。文字の書き方にもセンスが光る。

上／ワインリストは4000〜6000円台をボリュームゾーンに、赤・白それぞれブドウ品種ごとに記載。右／厨房と客席に設置したワインセラーで300本を保管。

人気イタリアンの2号店はワインバー。
ワインがすすむ小皿料理と鉄板焼きが充実

エビイロ

+ebi-ro

外苑西通りから1本入った路地に立地。店名の「エビイロ」は「葡萄色」にちなんだもの。ワインレッドの看板とテントが目印。気候のよい季節はテラス席も人気。

　自然派ワインと小皿＆鉄板料理の店「エビイロ」は、東京メトロ・外苑前駅から徒歩5分、外苑西通りを1本入った路地裏にある。同店は、同じビルの地階にあるイタリア料理店「ドゥエ・コローリ」の姉妹店として、2014年4月にオープンした。共同経営者であるソムリエの渡部武志さんとシェフの山口高志さんは、ともに東京都内に複数の飲食店を展開する㈱セレソンの出身。同社が経営する「トラットリア タンタボッカ」は、渡部さんが店長、山口さんが料理長として立ち上げた店で、「ドゥエ・コローリは、そのタンタボッカをベースにして、より使い勝手のよい店づくりをめざしました」と渡部さん。12年10月オープンのドゥエ・コローリは、いまでは連日満席の繁盛店だ。
　1号店のヒットを受けてオープンしたエビイロは、「ワインとつまみ」がコンセプト。周辺には自然派ワインを扱う店が少なくないが、エビイロはオープン間もなく30〜40代を中心に多くのお客が訪れる人気店となっている。その理由のひとつには、料理のコストパフォーマンスの高さが挙げられるだろう。メニューは、「自家製オイルサーディン」（P.152）などつまみに最適な「小皿料理」（約10品）、「自家製ベーコン」（P.158）などの「鉄板焼き」（約7品）、「やわらかーい煮豚とキャロットラペ」（P.157）などの「一品料理」（約10品）の3つのジャンルで構成。小皿料理はいずれも500円、鉄板焼きは600円前後、一品料理も800円前後という価格設定だ。料理は、素材の味を生かしたシンプルな仕立てだが、既製品は極力使わず、オイルサーディンもベーコンも自家製し、差別化を図っている。
　20席のエビイロは、通常2人で営業する。つくりおきできるメニューが多いので、営業前に仕込みをすませておけば、少人数でもスピーディな提供が可能だ。調理の負担が軽減されるぶん、スタッフはお客との会話やワインの説明に力を入れている。「幅広いお客さまに自然派ワインを楽しんでほしい」という考えから、グラスワインは個性の異なるタイプを12種前後用意。「ロスはあまり考えていません」と渡部さんは言う。カジュアルな空間で、気負わずにワインを楽しめるのも、エビイロの魅力だ。

DATA

東京都渋谷区神宮前3-41-2　岡本ビル1F
03-6438-9392

開業	2014年4月
営業時間	18：00〜翌0：00（L.O.）
定休日	日曜
席数	20（カウンター4席、テーブル10席、テラス6席）
価格帯	小皿料理500円、鉄板焼き500〜700円、一品料理650〜900円
ワイン	自然派ワインを中心にそろえる。ボトルの中心価格帯は4000〜5000円。グラス12種前後600〜1000円

ハンバーガーショップだった物件を居抜きで借り受けた。壁の色を塗り変え、新たにカウンター席をつくったが、椅子などの調度品はそのまま使用。カジュアルな店づくりだが、テーマカラーのワインレッドが大人っぽい雰囲気を演出している。

自然派ワイン中心の品ぞろえ。アンジョリーノ・マウレやマルセル・ラピエールなどの著名な銘柄も、リーズナブルな価格で提供している。

ランプなどの装飾品やテラスのテーブルは、アンティークを購入。バーらしい趣を出している。

左からオーナーソムリエの渡部武志さん、オーナーシェフの山口高志さん。「エピイロ」と地階のイタリア料理店「ドゥエ・コローリ」を共同経営している。右はスタッフの矢野めぐみさん。

フジマル

玉葱のロースト スパイスの香り
◆◆◆
タマネギは丸のままオーブンに入れてじっくりと
中まで火を通して甘みを引き出し、
オーダー後に半分に切って焼き目をつける。
コリアンダーやクミンなどカレーを思わせる
スパイスの香りが食欲を刺激する。

(つくり方→ P.160)

原木椎茸のブルーチーズ焼き
◆◆◆
風味の強い椎茸にブルーチーズとクルミをトッピング。
ブルーチーズと相性のよいクルミが香ばしさを添え、
食感のほどよいアクセントに。

(つくり方→ P.160)

パクチーとクレソン、セルバチコのサラダ
♦♦♦
パクチーとクレソンの香り、セルバチコのほのかな苦みが調和したサラダ。
しょっつるを使ったドレッシングで和えて提供する。しょっつるは魚醤の一種で、
ハタハタと塩だけでつくられる秋田の伝統的な発酵調味料。

（つくり方→ P.160）

地ダコのアヒージョ

◆◆◆

日本でも多くの店で提供されるようになったアヒージョ。
シンプルな料理だからこそ、素材のていねいな仕込みが差別化のカギになる。
タコは塩でよくもみ、ぬめりや汚れをとってから冷凍することで、
しこしことした食感が出る。

（つくり方→ P.161）

牛ハツと野菜のバイヤルディ仕立て

◆◆◆

バイヤルディは、トマト、ナス、ズッキーニを重ねて
オリーブオイルをかけて焼く南仏料理で、付合せによく用いられる。
フジマルでは、これに牛ハツを加えて一品料理にアレンジ。
酸味をきかせたソースをかけて提供する。

（つくり方→ P.161）

豚タンの冷製シュワシュワ切り
◆◆◆
ハムのように薄切りにした豚タンを、
トマトと合わせたシンプルなひと皿。
食べやすいように豚タンを縦にスライスしている点にも注目。
(つくり方→ P.162)

フジマル

冷製ローストビーフ

中まできちんと火を通しながら、しっとりとした仕上がりのローストビーフ。
薬味には、粗塩、コショウ、マスタードの他、
青ユズコショウや、白味噌を使ったクリームなども用意している。

（つくり方→ P.163）

桜肉しんたまのタルタル

秋田県で食肉用に飼育された、くさみやクセの少ない馬肉を使用。
タルタルステーキにはウスターソースを加えることが多いが、
これはウスターソースを加えずにあっさりとした味わいに仕上げている。
肉のなめらかな質感に合わせて、透明感のあるフランス・ボジョレーのガメイ種の赤ワインを。

（つくり方→ P.162）

豚スネ肉のデラウェアワイン煮込み

煮込み料理には大阪産のデラウェアワインを使用。
あらかじめ野菜をしっかりと炒めてから肉とともに煮込むと、
野菜の甘みやうまみが加わり、味わいに奥行が出る。
合わせるワインも自家醸造のデラウェアワインに。
（つくり方→P.163）

オマール海老のホットドッグ
♦♦♦
茹でたオマールの身と、爪のカダイフ揚げを
豪快に挟み込んだオリジナルホットドッグ。
オマールを使ったソース・アメリケーヌを添えて、
オマールの多様なおいしさを引き出す。

（つくり方→ P.164）

大阪風クロケット
♦♦♦
大阪市・松屋町にあるタコ焼き店
「たこりき」の冷凍タコ焼きに
パン粉をつけて揚げたメニュー。
タコ焼きの味を残しつつ、
ワインに合う味わいにアレンジした。
フジマルでは、食材業者や生産者と
コラボレーションしたメニューを
多数ラインアップしている。

夜木

白レバーブリュレ
▪▪▪
キャラメリゼした砂糖のビターな甘みを加え
ビストロの定番つまみに目新しさをプラス。
白レバーのしっとりレアな食感に
パリパリと香ばしいカラメルの歯ざわりが楽しい。

（つくり方→ P.165）

イチジクバター
▪▪▪
ブランデーで香りづけしたセミドライイチジクを
バターに練り込んだ、さっと出せる手軽なおつまみ。
料理を待つ間の最初のひと皿としても、
もう少し飲みたいときのアテとしても活躍。

（つくり方→ P.165）

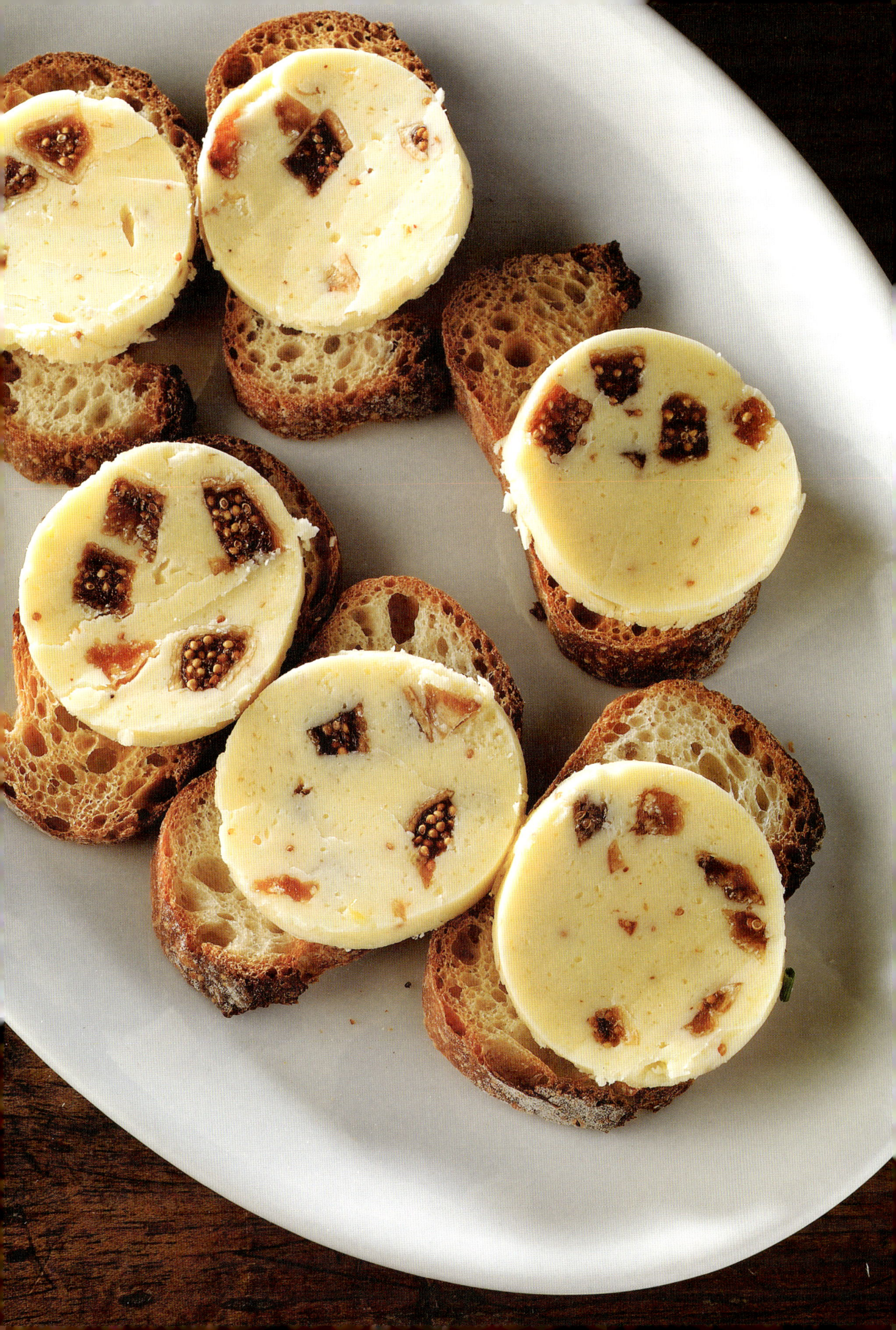

8種季節野菜のオーブン焼き
◆◆◆
こんがりと焼き色がつくまでオーブンで焼いた野菜は
甘みが前面に引き出され、味も香りも力強く変化。
アンチョビやケッパー、ブラックオリーブを合わせた
コクのあるタプナードソースで、素材丸ごとを味わう。

(つくり方→ P.165)

海老のブルギニヨン
◆◆◆
深いコク、後をひくおいしさを生む秘密は
香味野菜やベーコンでつくるブルギニヨンバター。
濃厚な"うまみのもと"を仕込みおきすることで
さっと炒めるだけで奥行のある味が完成。

(つくり方→ P.166)

ムール貝の白ワイン蒸し

宮城・南三陸町産のムール貝は、同店の看板メニュー。
香味野菜とサフランの香りをベースに
ブイヨンとバターのコクを加えて濃厚な味に。
残ったスープでパスタをつくることもでき、
うまみたっぷりのパスタを目当てに注文するお客も。

（つくり方→P.166）

秋田かづの牛
塩モツ煮込み
◆◆◆
香り豊かなカツオだしを土台に、
ぷりぷりとしたモツのうまみと
根菜のやさしい甘みを
絶妙の塩加減で引き出した。
あっさりとしながらも
コクのある味わい。
(つくり方→P.166)

美桜鶏とトマトの土瓶蒸し
◆◆◆
カツオだしの香りにほっと癒され
身体のすみずみまでしみわたる
滋味深く温かな和の一品。
トマトの酸味をアクセントにして
ワインの酸とバランスをとる。
(つくり方→P.167)

カニとイクラの炊き込みご飯

アユ、牡蠣、ホロホロ鳥など
季節の素材でつくる炊き込みご飯は
意外や意外、ワインとも好相性。
カニのうまみを吸わせたご飯に
イクラをたっぷりとのせて
ごちそう感あふれる盛りつけに。

(つくり方→ P.167)

山形牛モモ肉のステーキ

赤身肉ならではの濃い肉の味を堪能できる
山形牛のモモ肉を、シンプルなステーキで。
骨太なボルドーの赤とも楽しめるように、
表面をしっかりと焼いてうまみをとじ込めて
香り高い赤ワインのソースを合わせる。

（つくり方→ P.167）

パテ・ド・カンパーニュ

◆◆◆

豚の粗挽肉と同割の鶏レバー、半量の背脂でつくるパテは、
赤身肉のうまみと内臓の風味がほどよく調和。
低温でゆっくり火を入れることでしっとり感を出す。
松ノ実の食感をアクセントに。

(つくり方→P.168)

クレソンと
フェンネルのサラダ

◆◆◆

クレソンとフェンネルが
メインのシンプルなサラダ。
ライム風味のさわやかな
香りのドレッシングと、
ふわっとかけたチーズが
上質感を演出する。

(つくり方→P.168)

エビと蓮根のアヒージョ

ドライトマトやアンチョビ、アーモンドなどでつくる
ピューレプロヴァンサルを溶かし込み、
スペインバルの定番つまみをワンランク上の味わいに。
濃厚なうまみのオイルは、パンにつけて食べても。

（つくり方→ P.169）

カポナータ
♦♦♦

素揚げしたナスが主役のカポナータは
細かく切りそろえた美しい見た目と
フレッシュ感を残すのが沢村流。
ビネガーを使わず塩だけで味つけし、
トマトの自然な酸味で食べさせる。

(つくり方→ P.169)

ミネストローネ
♦♦♦

炒めた香味野菜と生ハム
から出るエキスを凝縮。
野菜のうまみが主体の、
クリアで繊細なスープは
これだけで立派なごちそう。

(つくり方→ P.169)

ブレッド&タパス 沢村

トリッパのトマト煮込み

独特のにおいがあるハチノスをおいしく仕上げる
ポイントは、ていねいな下処理にあり。
レモンと白ワインを加えて
やわらかくなるまで茹でることで、
風味よく、トロッとした食感に。
モッツァレラチーズをかけて焼き、グラタン風にして提供。

(つくり方→ P.170)

バーニャカウダ

◆◆◆

信州の契約農家から届く新鮮な野菜を
アンチョビクリームソースで味わうひと皿。
まろやかな味わいの「信州こがね味噌」と
生クリームを加えたマイルドなソースが、
生命力あふれる野菜のもち味を引き立てる。

（つくり方→ P.170）

ブレッド&タパス 沢村

ボロネーゼ

牛バラや豚ウデ肉など3種の肉を合わせてつくるボロネーゼは、
噛みごたえのある肉をごろごろっと入れて、
肉の存在感がきわ立たせた、ボリューム満点の仕立てに。
自家製トマトソースと合わせ、飽きのこない軽さを出す。

(つくり方→ P.171)

北海道産牛ランプステーキ
◆◆◆

シンプルながら、火入れの技量が問われるステーキ。
フライパンで焼いた時間と同じだけやすませ、
余熱でじっくりと火を入れて美しいロゼ色に。
ソースはかけず、肉の甘みとうまみを楽しませる。

（つくり方→ P.171）

白レバーパテ トリュフ風味

・・・

クリーミーでクセの少ない鶏白レバーのパテ。
トリュフオイルの香りをきかせて
コクのある味わいに仕上げている。

（つくり方→ P.172）

自家製オイルサーディン

・・・

大ぶりのイワシを使った
食べごたえのあるオイルサーディン。
マリネ用オイルは、オリーブオイルに
サラダオイルを合わせて
冷蔵しても油が白く固まらないように
工夫している。

（つくり方→ P.172）

タコとアボカドのサラダ

◆◆◆

手ばやく提供でき、食べごたえもあるサラダ。
アボカドのクリーミーさと
タコの歯ごたえがよく調和する。
醤油を隠し味に使ってキレ味よく。

（つくり方→ P.172）

燻製カジキマグロのカルパッチョ

◆◆◆

新鮮なカジキマグロを燻製にしてからマリネする。
生魚をカルパッチョにした場合とは異なる、
スモーク香のきいた味わいがワインによく合う。

（つくり方→ P.173）

エビイロ

どっかんキャベツ
焦がしアンチョビバター

◆◆◆

鉄板焼きを売りにするエビイロならではのメニュー。
キャベツ1/4個を使い、蓋をしてじっくりと
蒸し焼きにして、甘みを引き出している。
インパクトのある見た目も人気の理由のひとつ。

（つくり方→ P.173）

砂肝のコンフィ

◆◆◆

油でゆっくりと火を通すコンフィは、
調理に時間がかかるが、
つくりおきのできる便利なメニュー。
カポナータを添えて彩りよく仕上げる。

（つくり方→ P.174）

広島産カキのオイル漬け

市販の牡蠣のオイル漬けは、
長期保存を目的とするためにかなり強く火を通すが、
自家製の場合は、市販品ほど火を入れる必要はないので、
身はふっくらと、やわらかく仕上げることができる。
サヴァニャン、シャルドネ種でつくるフランス・ジュラ地方のワインが、
牡蠣のミネラル感を引き立てる。

(つくり方→ P.174)

特上牛タンすじのポトフ　ゆずこしょう風味
◆◆◆
じっくり煮込んでやわらかくした牛タンがたっぷりと入ったポトフ。
タマネギは肉と一緒に煮込まず、オーブンで焼いてから提供前に軽く煮込む。
そうすることで、煮崩れしにくく、タマネギのうまみも凝縮される。

（つくり方→ P.175）

アンチョビチーズ焼きオニギリ
◆◆◆
アンチョビをカツオ節に見立て、
チーズとともに握った洋風おにぎりは、
エビイロの人気メニューだ。
醤油とバターの香ばしさが食欲をそそる。

（つくり方→ P.175）

やわらかーい煮豚とキャロットラペ

豚バラ肉を、時間をかけて煮るだけのシンプルなレシピだが、
やわらかな肉に脂の甘みも加わって奥行のある味わいに。
キャロットラペは、彩りと食感のアクセント。
アンフォラ（素焼きの壺）に入れて発酵熟成させた
オーストラリア産の赤ワインと。

（つくり方→ P.175）

"自家製"をつくろう ④　ベーコン／エビイロ

つまみにもなり、メインにもなる。
自家製ならではの"無添加"も魅力

自家製ベーコン

小皿料理中心のエビイロの、自慢の一品。
ベーコンは燻製にかけるので大がかりな装置が必要と思いがちだが、
バット2つで意外に手軽にできる。
できあがったベーコンは厚切りにして、シンプルに鉄板で焼いて提供する。

■材料　つくりやすい分量

塩　500g
フレッシュハーブ（イタリアンパセリ、タイム、バジルなど）　30g
砂糖　500g
豚バラ肉（国産）　2kg
スモークチップ（桜）　50g

黒コショウ　適量
ローズマリー　適量
粒マスタード　適量

1 漬け込み用のハーブ塩をつくる。塩とハーブ類をフードプロセッサーに入れて撹拌する。

2 1をボウルに移し、砂糖を加えてよく混ぜる。砂糖を最初から加えるとハーブから水が出るので、後から加えるようにしている。

3 2を蓋つきの容器に半分入れ、豚バラ肉を置き、2の残りをかける。冷蔵庫に入れて3日間おく。途中で水が出てきたら捨て、適量の塩（材料外）を足す。

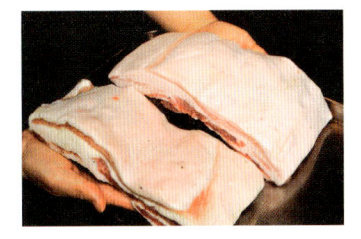

4 肉をとり出して水で洗い流し、キッチンペーパーで水分を拭きとってから、さらに冷蔵庫で1日ねかせる。写真左はねかせた肉、右は漬け込む前の肉。

5 スモークチップをバットに入れて火にかける。

6 5のバットの中に脚つきの網や丸めたアルミホイルなどを置き、その上に4の肉をのせる。

7 チップから煙が出てきたら、弱火にする。上から別のバットをかぶせ、30分間いぶす。

8 自家製ベーコンのできあがり。オーダーが入ったら適当な大きさに切り分け、油をひかずに鉄板で表面に焦げ目がつくまで焼く。皿に盛って黒コショウをふり、ローズマリー、粒マスタードを添えて提供する。

玉葱のロースト スパイスの香り

(写真→ P.130)

■材料　1皿分

スパイスパウダー　適量（下記はつくりやすい分量）
- コリアンダーシード（ホール）　大さじ1
- クミンシード　大さじ1
- カイエンペッパー（パウダー）　小さじ1
- ターメリック（パウダー）　小さじ1

タマネギ（大きめのもの）　1個
バター　適量
オリーブオイル　適量
塩（フルール・ド・セル）　適量
黒コショウ（粗挽）　適量

1　スパイスパウダーをつくる。材料をすべてパイ皿に入れ、温かいところで1週間おいてなじませる。その後、ミルサーに入れ、細かく挽く。
2　タマネギを皮つきのままフライパンにのせ、180℃のオーブンに約1時間入れて火を通す。
3　オーダーが入ったら**2**のタマネギを横半分に切り、皮をむく。
4　フライパンにバターとオリーブオイルを入れて熱し、**3**のタマネギの切り口を下にして置き、250℃のオーブンに入れる。表面に焼き目がつき、中が熱くなるまで10分間焼く。
5　切り口が上になるようにして皿に盛り、**1**のスパイスパウダーと塩、黒コショウをふる。

パクチーとクレソン、セルバチコのサラダ

(写真→ P.131)

■材料　1皿分

パクチー　10g
クレソン　10g
セルバチコ　10g
しょっつるドレッシング
- しょっつる　40㎖
- 赤ワインビネガー　50㎖
- E.V. オリーブオイル　150㎖

エシャロット（みじん切り）　小さじ1
塩、黒コショウ　各適量
ニンニクチップ※　少量

※ニンニクチップは、ニンニクを約1mmにスライスし、小鍋に入れて、オリーブオイルで冷たい状態から揚げたもの。

1　パクチー、クレソン、セルバチコをひと口大にちぎり、水に浸してからしっかりと水けをきる。
2　しょっつるドレッシングのすべての材料をボウルに入れ、よく混ぜ合わせる。
3　**1**とエシャロットをボウルに入れ、**2**のドレッシングを加えて混ぜる。塩、黒コショウで味をととのえる。
4　皿に盛り、ニンニクチップを上からちらす。

原木椎茸のブルーチーズ焼き

(写真→ P.130)

■材料　1皿分

原木椎茸　3個
ゴルゴンゾーラ・ピカンテチーズ（スライス）　7g×3枚
黒コショウ　適量
E.V. オリーブオイル　適量
クルミ（ロースト）　3個

1　椎茸の軸をとり、かさを下にして焼き網にのせる。
2　弱火であぶり、水分が浮いてくるまで焼く。
3　皿に移し、スライスしたゴルゴンゾーラ・ピカンテチーズをのせる。ゴルゴンゾーラ・ピカンテチーズは椎茸1個につき約7g使用。
4　黒コショウとE.V. オリーブオイルをかけ、砕いたクルミをちらす。

地ダコのアヒージョ

(写真→ P.132)

■材料　1皿分

タコ（ボイル）※　70g
椎茸　25g
舞茸　25g
シメジ　25g
ニンニク（みじん切り）　大さじ1
エシャロット（みじん切り）　大さじ1
オリーブオイル　70㎖
アンチョビペースト　適量
塩、黒コショウ　各適量
パプリカパウダー　適量
イタリアンパセリ（みじん切り）　適量

※タコの下処理の仕方は、次の通り。タコは塩でよくもみ、ぬめりや汚れをとり、冷凍する。吸盤のところはとくに念入りに。解凍したら、1％の塩水で10〜15分間茹でてそのまま冷ます。

1　タコをひと口大に切る。椎茸は軸をとり、タコと大きさをそろえて切る。舞茸は石づきの汚れをとって手でほぐす。シメジは石づきをとって小房に分ける。
2　耐熱皿に、ニンニク、エシャロット、オリーブオイル、アンチョビペーストを入れて火にかける。ニンニクから香りが出るまで温める。
3　2にキノコ、タコの順に加え、200℃のオーブンで約7分間火を入れる。
4　塩、黒コショウ、パプリカパウダーで調味し、皿に盛る。イタリアンパセリをちらす。熱々のうちに提供する。

牛ハツと野菜のバイヤルディ仕立て

(写真→ P.132)

■材料　1皿分

ビネグレットソース　適量（下記はつくりやすい分量）
　赤ワインビネガー　10㎖
　グレープシードオイル　100㎖
　塩、黒コショウ　各適量
コリアンダーオイル　適量（下記はつくりやすい分量）
　コリアンダー　1束
　イタリアンパセリ　1パック
　コリアンダーシード（ホール）　大さじ1
　E.V. オリーブオイル　200㎖
牛ハツ　80g
ナス　50g
ズッキーニ　50g
タイム（フレッシュ）　1本
菜種油　適量
オリーブオイル　適量
塩、黒コショウ　各適量
フルーツトマト　½個
エシャロット（みじん切り）　小さじ1

1　ビネグレットソースは、材料をすべて混ぜ合わせて、あらかじめ仕込んでおく。
2　コリアンダーオイルをつくる。コリアンダーとイタリアンパセリは、茎をとり除いて葉のみにする。コリアンダーは軽く下茹でし、水けをきる。
3　2とコリアンダーシード、E.V. オリーブオイルをミキサーにかけ、粗めの網で漉してソースとする。
4　牛ハツの薄皮と血管をとり、厚さ約1cmに切る。
5　ナスとズッキーニを厚さ1cmの輪切りにし、タイムとともに菜種油で素揚げする。
6　4の牛ハツに薄くオリーブオイルをぬり、グリル板で焼く。塩、黒コショウをふる。
7　フルーツトマトは厚さ5〜6㎜の半月切りにする。
8　6の牛ハツ、5のナスとズッキーニ、7のトマトの順に重なり合うように皿に盛る。ビネグレットソースをかける。
9　コリアンダーオイルを添え、タイムをあしらって提供する。

豚タンの冷製シュワシュワ切り

（写真→ P.133）

■材料　1皿分

ビネグレットソース　適量（下記はつくりやすい分量）
- シェリービネガー　100㎖
- 塩　10g
- 白コショウ　2g
- ディジョンマスタード　80g
- クルミオイル　150㎖
- グレープシードオイル　150㎖

豚タンの冷製　½本（下記はつくりやすい分量）
- 豚タン　1本
- Ⓐ
  - タマネギ　10g
  - ニンジン　10g
  - セロリ　10g
  - タイム（フレッシュ）　1枝
  - ローリエ（ドライ）　½枚

塩、黒コショウ　各適量
エシャロット（みじん切り）　適量
ミニトマト　3個
アサツキ（小口切り）　適量

1　ビネグレットソースをつくる。シェリービネガー、塩、白コショウ、ディジョンマスタードをミキサーにかける。撹拌しながら、クルミオイル、グレープシードオイルを少しずつ加えて乳化させる。

2　豚タンの冷製をつくる。鍋に湯を沸かして豚タンを入れ、1分間火を通す。氷水に落としてまわりの汚れをとる。

3　別の鍋に**2**とⒶを入れ、それらがかぶるくらいの水を加えて火にかけ、弱火で約30分間煮る。

4　豚タンに串をさして中まで火が通っているのが確認できたら、火を消して茹で汁ごと室温で冷まし、粗熱をとる。

5　豚タンをとり出して水けをきり、余分な脂や皮をとり除く。

6　豚タンをスライサーで縦に厚さ約1㎜に切る。

7　皿に盛り、塩、黒コショウ、ビネグレットソース、エシャロットをかける。

8　適当な大きさに切ったミニトマトとアサツキを飾る。

桜肉しんたまのタルタル

（写真→ P.134）

■材料　1皿分

馬肉（シンタマ）　100g
エシャロット（みじん切り）　小さじ1
ケッパー（みじん切り）　小さじ1
コルニッション（みじん切り）　小さじ1
ディジョンマスタード　5g
ケチャップ　5g
E.V. オリーブオイル　適量
塩、黒コショウ　各適量
卵黄　1個分
黒コショウ（仕上げ用。粗挽き）　適量

1　馬肉のスジや余分な脂をとり除き、5㎜角に切る。

2　ボウルに**1**と、エシャロット、ケッパー、コルニッション、ディジョンマスタード、ケチャップ、E.V. オリーブオイル、塩、黒コショウを入れ、よく混ぜる。

3　**2**を皿に盛り、真ん中にくぼみをつくって卵黄をのせる。粗挽き黒コショウをかける。

冷製ローストビーフ

(写真→ P.135)

■材料　1皿分

ローストビーフ　100g（下記はつくりやすい分量）
├ 牛モモ肉　2kg
│ 黒コショウ　適量
│ E.V. オリーブオイル　適量
│ タイム（フレッシュ）　3本
│ ローズマリー（フレッシュ）　3本
│ 塩　適量
└ オリーブオイル　適量
塩、黒コショウ　各適量
粗塩、コショウ、マスタード、青ユズコショウ、
　白味噌生クリーム※など　各適量

※白味噌生クリームは、白味噌と生クリームを1：1の割合で混ぜてつくる。

1　牛モモ肉をタコ糸で巻いて成形する。
2　黒コショウを全面にふり、E.V. オリーブオイル、タイム、ローズマリーをまぶしてラップフィルムで包み、冷蔵庫でひと晩マリネする。
3　焼く3～4時間前に**2**を冷蔵庫から出し、室温にもどす。
4　肉全体に塩、黒コショウ、オリーブオイルをふり、網を敷いた天板にのせる。
5　300℃のオーブンで5分間焼き、上下を返してさらに5分間焼く。
6　肉をとり出し、オーブンを150℃にする。
7　再度肉をオーブンに入れ、上下を返しながら30～40分間焼く（焼き時間は肉の大きさや形によって調整する）。
8　焼き上がったらアルミホイルをかぶせて1時間やすませる。ホイルは肉にかぶせるだけで包まないこと。
9　1時間後、ホイルを外して室温で冷まし、タコ糸を外す。ラップフィルムで巻いて冷蔵庫に入れて締める。
10　オーダーが入ったらスライサーで厚さ約2mmにスライスし、塩、黒コショウをふる。
11　粗塩、コショウ、マスタード、青ユズコショウ、白味噌生クリームなど好みの薬味を添えて提供する。

豚スネ肉のデラウェアワイン煮込み

(写真→ P.136)

■材料　7～8皿分

豚スネ肉　2kg
塩　20g
白コショウ　適量
タマネギ　1kg
ニンジン　500g
セロリ　250g
ニンニク　2片
オリーブオイル　200ml
サラダオイル　適量
ワイン（デラウェアワイン）　1.2ℓ
水　約1ℓ

1　豚スネ肉は塩と白コショウをまぶして、ひと晩マリネする。
2　タマネギ、ニンジン、セロリ、ニンニクはすべてみじん切りにする。
3　鍋にオリーブオイルとみじん切りにしたニンニクを入れ、弱火でじっくりと色づかないように炒め、香りが出たらタマネギ、ニンジン、セロリを加え、焦がさないように弱火でじっくりと火を入れる。
4　**1**の豚スネ肉の水分をよくふきとる。別のフライパンにサラダオイルを入れて熱し、肉に焼き色をつける。
5　鍋に**3**の炒めた野菜類と**4**の肉を入れ、煮立ててアルコールを飛ばしたワインと水を注いで強火にかける。
6　蓋をして、180℃のオーブンに入れて1時間30分、肉がやわらかくなるまで煮込む。
7　ひと晩おいて味をしみ込ませる。
8　オーダーが入ったら、180gにカットした肉を200mlの煮汁とともに温めて提供する。

オマール海老のホットドッグ

(写真→ P.137)

■材料　1個分

オマールのボイルと爪のカダイフ揚げの下準備

オマール（活け）　1尾（2個分の分量）

オマールのソース・アメリケーヌ

　　適量（下記はつくりやすい分量）

オマールの頭　1kg
タマネギ　200g
ニンジン　100g
セロリ　約10cm
オリーブオイル　20ml
ニンニク　1片
トマトペースト　15g
白ワイン　500ml
昆布水※1　2ℓ
トマト（完熟）　1個
コリアンダーの茎　適量
生クリーム　1ℓ

組立て・仕上げ

ドッグパン　1本
オマールのボイル　半身
ベビーリーフ　適量
マヨネーズ　適量
塩、黒コショウ　各適量
オマールのソース・アメリケーヌ　適量
エシャロットのコンフィ※2　適量
ピクルス　適量
オマールの爪肉　1本
卵白　適量
カダイフ　適量
菜種油　適量

※1　昆布水は、軟水1ℓに対し昆布1枚をひと晩浸してつくる。

※2　エシャロットのコンフィは、エシャロットのみじん切りに、その2倍量の熱したオリーブオイルを回しかけたもの。

〈オマールのボイルと爪のカダイフ揚げの下準備〉

1　活けのオマールを金串で1本ざしにし、沸騰した湯で4分30秒間茹でる。
2　氷水に入れて冷やしたあと、水けをきって、頭と胴体と爪を分ける。頭はソースに使うのでとっておく。
3　胴体は殻をむいてから縦に割り、背ワタをとる。
4　爪は殻を外し、白い汚れをとり除く。

〈オマールのソース・アメリケーヌをつくる〉

5　オマールの頭を縦半分に切り、砂袋をとり除く。ミソは別にしておく。
6　ハサミで**5**を3cm角程度に細かく切る。
7　タマネギ、ニンジン、セロリを1cm角に切る。
8　深鍋にオリーブオイルと軽くつぶしたニンニクを入れて熱し、**7**を加えて炒める。
9　**6**を加え、殻をつぶしながら火を入れる。
10　トマトペーストと**5**のミソを加え、炒める。
11　白ワインを注ぎ、水分がなくなるまで煮詰める。
12　昆布水を加え、足りなければひたひたになるまで水（材料外）を足す。刻んだトマトとコリアンダーの茎を入れ、30分間煮る。
13　シノワで、殻をつぶしながらしっかりと漉す。
14　別の鍋に**13**を入れ、1/3量になるまで煮詰める。
15　生クリームを加え、さらに半量になるまで煮詰め、氷水にあてて急冷する。

〈組立て・仕上げ〉

16　オーダーが入ったらドックパンの中央に切り目を入れ、オマールのボイルを200℃のオーブンで5分間温める。
17　パンにベビーリーフを挟み、マヨネーズをかける。
18　オマールのボイルに塩、黒コショウ、オマールのソース・アメリケーヌ、エシャロットのコンフィ、みじん切りにしたピクルスをからめ、**17**のパンに挟む。
19　**4**のオマールの爪肉に溶きほぐした卵白をつけ、カダイフを巻き、180℃の菜種油で揚げる。塩、黒コショウをふり、**18**のパンに挟む。

白レバーブリュレ

(写真→ P.138)

■材料　10皿分

A ┬ 鶏白レバー（掃除ずみのもの）　250g
　├ 生クリーム　250g
　├ 卵黄　4個分
　├ 塩　少量
　├ 黒コショウ　少量
　└ ブランデー　少量
上白糖　適量
メルバトースト※　適量

※メルバトーストは、バゲットを薄く切り、オーブンでカリカリに焼いたもの。

1　Ⓐの材料をすべてミキサーに入れ、なめらかになるまで撹拌する。
2　耐熱皿に流し入れ、110℃のオーブンで20分間、湯煎焼きにする。
3　提供前に上白糖をふり、バーナーで表面をあぶる。冷蔵庫で1～2分間冷ましてから、メルバトーストを添えて提供する。

イチジクバター

(写真→ P.139)

■材料　8皿分

バター　450g
ドライイチジク　150g
ブランデー　30㎖
グラニュー糖　85g
塩　10g
バゲット（薄切り）　48枚

1　バターは室温にもどす。
2　ドライイチジクは1cm角に切り、ブランデー、グラニュー糖、塩を加えて混ぜる。
3　**1**に**2**を分離しないように少しずつ加え、よく混ぜ合わせる。
4　ラップフィルムに包んで棒状に成形し、冷蔵庫で冷やし固める。
5　**4**を冷蔵庫からとり出してスライスし、軽く温めたバゲットにのせる。

8種季節野菜のオーブン焼き

(写真→ P.140)

■材料　1皿分

レンコン（半月切り）　2切れ
ゴボウ（乱切り）　2切れ
カブ（¼に切る）　2切れ
赤カブ（¼に切る）　2切れ
紅芯ダイコン（くし形切り）　2枚
ビタミンダイコン（くし形切り）　2枚
スティックセニョール　2本
サツマイモ（輪切り）　2枚
黄ニンジン（短冊切り）　½本
タプナードソース　30g（下記はつくりやすい分量）
　┬ ブラックオリーブ（種なし）　150g（1缶分）
　├ ケッパー　10g
　├ ニンニク　1片
　├ アンチョビフィレ　20g
　└ オリーブオイル　適量
グレープシードオイル　適量

1　野菜をそれぞれ大きめのひと口大に切る。
2　タプナードソースの材料をすべて混ぜ合わせ、ミキサーにかけてなめらかにする。
3　グレープシードオイルを熱したフライパンで**1**の野菜を焼き、焼き色をつける。
4　**3**の野菜を200℃のオーブンで軽く温めて器に盛り、**2**を添える。

海老のブルギニヨン

(写真→ P.140)

■材料　1皿分

ブルギニヨンバター　40g（下記はつくりやすい分量）
- ベーコン　100g
- タマネギ　300g
- ニンニク　200g
- 長ネギ　120g
- セロリ　80g
- グレープシードオイル　適量
- 白ワイン　90mℓ
- ブランデー　40mℓ
- パセリ　½パック
- 塩　20g
- バター　675g

グレープシードオイル　適量
エビ（むき身）　7尾
椎茸（½に切る）　10g
エリンギ（½に切る）　10g
シメジ（小房に分ける）　10g
舞茸（小房に分ける）　10g
メルバトースト※　4枚

※メルバトーストのつくり方は、「白レバーブリュレ」（P.165）を参照。

1 ブルギニヨンバターをつくる。ベーコン、タマネギ、ニンニク、長ネギ、セロリはみじん切りにする。
2 鍋にグレープシードオイルを入れて熱し、**1**を加えて野菜から出る水分を飛ばすように炒める。
3 白ワインとブランデーを加えてアルコールを飛ばし、水分がなくなるまで煮る。
4 パセリのみじん切り、塩を加えて味をととのえる。充分に冷ましてから、室温にもどしたバターを加えて練り合わせる。
5 フライパンにグレープシードオイルを入れて熱し、エビとキノコ類を炒める。
6 耐熱皿にブルギニヨンバターと**5**を入れて火にかける。バターが溶けたら火からおろし、メルバトーストを添える。

ムール貝の白ワイン蒸し

(写真→ P.141)

■材料　1皿分

タマネギ、ニンジン、セロリ　各20g
ニンニク　¼片
白ワイン　70mℓ
ブイヨン※　70mℓ
サフラン　少量
バター　15g
ムール貝　400g
塩　適量
E.V. オリーブオイル　少量
パセリ（みじん切り）　少量

※ブイヨンは、鶏挽肉、タマネギ、ニンジン、セロリを3時間煮込んでつくっただし。

1 タマネギ、ニンジン、セロリは5mm角に切る。ニンニクは薄切りにする。
2 **1**と白ワイン、ブイヨン、サフラン、バターを鍋に入れ、ムール貝を加えて火にかける。沸いてムール貝の口が開いたら火を止める。味を見て足りなければ塩で味をととのえる。
3 器に盛り、E.V. オリーブオイル、パセリをふる。

秋田かづの牛塩モツ煮込み

(写真→ P.142)

■材料　2皿分

マルチョウ（牛の小腸。下処理ずみのもの）　120g
ゴボウ、ニンジン、ダイコン　各20g
白ネギ、万能ネギ　各少量
カツオだし※　400mℓ
塩、日本酒　各適量

※カツオだしのつくり方は、次の通り。鍋に水1ℓ、昆布8cm角を入れて火にかけ、沸騰する直前に昆布をとり出す。火加減は10～15分間で沸く程度に。沸騰したらカツオ節20gを入れて火を止める。アクをとり、クッキングシートを使って漉す。

1 マルチョウはひと口大に切り、沸騰した湯に入れて2～3回茹でこぼし、水洗いする。
2 ゴボウ、ニンジン、ダイコンはひと口大に切り、下茹でする。
3 白ネギは白髪ネギに、万能ネギは小口切りする。
4 鍋にカツオだしを入れて火にかけ、**1**を入れて塩、日本酒を加えて15分間ほど煮込む。**2**を加えてさらに10分間ほど煮込んで器に盛り、**3**をのせる。

美桜鶏とトマトの土瓶蒸し

(写真→ P.142)

■材料　1皿分

鶏モモ肉（美桜鶏）　60g
チェリートマト　3個
レンコン　20g
ブロッコリー　20g
カツオだし※　240㎖
塩　適量
日本酒　適量
薄口醤油　適量
シメジ（小房に分ける）　10g

※カツオだしのつくり方は、「秋田かづの牛塩モツ煮込み」(P.166)を参照。

1　鶏モモ肉はひと口大に切り、沸騰した湯に入れてさっと下茹でする。
2　チェリートマトは湯むきする。レンコン、ブロッコリーはひと口大に切って茹でる。
3　鍋にカツオだしを入れ、塩、日本酒、薄口醤油を加えて味をととのえる。
4　土瓶に**1**、**2**とシメジを入れ、**3**を注いでひと煮立ちさせる。
5　半割にしたチェリートマトを添えて提供する。

カニとイクラの炊き込みご飯

(写真→ P.143)

■材料　1皿分

米　140cc
カツオだし※　140㎖
ミリン　少量
薄口醤油　少量
カニほぐし身　40g
三ツ葉　少量
イクラ　20g

※カツオだしのつくり方は、「秋田かづの牛塩モツ煮込み」(P.166)を参照。

1　米は洗って、30～40分間水に浸けてから、ザルにあげる。
2　カツオだしにミリンと薄口醤油を加えて味をととのえる。
3　土鍋に**1**を入れ、**2**を注いでカニのほぐし身を加え、蓋をして30分間ほど加熱する。
4　仕上げに三ツ葉、イクラをのせて提供する。

山形牛モモ肉のステーキ

(写真→ P.144)

■材料　1皿分

ジャガイモ　60g
ローズマリー（フレッシュ）　適量
セージ（フレッシュ）　適量
ニンニク（みじん切り）　適量
塩　適量
ズッキーニ　適量
パプリカ（赤、黄）　各適量
グレープシードオイル　適量
黒コショウ　適量
牛モモ肉（山形牛）　180g
ミニトマト　適量
赤ワインソース
　赤ワイン　100㎖
　ブイヨン※1　50㎖
　フォン・ド・ヴォー※2　小さじ1
　バター　10g
　塩　適量
　黒コショウ　適量
ルッコラ　30g

※1　ブイヨンのつくり方は、「ムール貝の白ワイン蒸し」(P.166)を参照。

※2　フォン・ド・ヴォーのつくり方は、次の通り。牛骨、牛スジ肉をフライパンで焼き、牛骨はその後オーブンでじっくり焼く。タマネギ、セロリ、ニンジンをフライパンで炒める。鍋に焼いた牛骨、牛スジ肉、炒めた香味野菜と、ニンニク、ホールトマトを入れ、材料がかぶるくらいの水を加えて、火にかける。沸騰したら弱火にして、アクをとりながら半日間煮込む。シノワで濾して一番だしをとり、残った具で二番だしを同様にとる。一番だしと二番だしを合わせて沸かし、アクをとる。

1　ジャガイモは皮をむいてひと口大に切り、ローズマリー、セージ、ニンニクをのせ、塩をふり、200℃のオーブンで20～30分間焼く。
2　ズッキーニは輪切り、パプリカはひと口大に切る。
3　グレープシードオイルを熱したフライパンに、下処理して塩、黒コショウで下味をつけた牛モモ肉を入れ、表面に焼き色がつくまで焼き、さらに200℃のオーブンで5分間ほど火を入れる。**1**と**2**、ミニトマトも同時にオーブンに入れ、火を入れる。
4　肉と野菜を焼いている間に赤ワインソースをつくる。鍋に赤ワインとブイヨンを入れ、軽く煮詰める。フォン・ド・ヴォーを加えて混ぜ、なじんだらバターを加える。塩、黒コショウで味をととのえる。
5　器に**3**の野菜とルッコラを盛り、牛モモ肉を盛りつける。仕上げに**4**のソースをかけ、塩をふる。

パテ・ド・カンパーニュ

(写真→ P.145)

■材料　117人分
(25cm×8cm×高さ8cmのテリーヌ型約9台分)

鶏レバー　2kg
ブランデー　適量
豚背脂　1kg
タイム（フレッシュ）　1パック
ローズマリー（フレッシュ）　1パック
パン粉　1kg
牛乳　1ℓ
豚赤身挽肉（大粗挽）　2kg
松ノ実　200g
全卵　20個
溶かしバター　300g
黒コショウ　適量
塩　87g

仕上げ（1皿分）

塩（フルール・ド・セル）　適量
粒マスタード　適量
セルフィーユ　適量

1　鶏レバーはカットしてブランデーでひと晩マリネしたのち、ザルにあげてブランデーをきる。
2　豚背脂は5mm角に切る。タイム、ローズマリーはみじん切りにする。パン粉と牛乳を合わせておく。
3　鶏レバー以外の材料をボウルに入れ、よく合わせる。軽く粘りが出てきたら**1**を加えてつぶさないように混ぜる。
4　薄く切った背脂（材料外）をテリーヌ型に敷き、**3**を約1kgずつ入れてよく押す。
5　蓋をして、85℃のコンベクションオーブンで芯温が65℃になるまで焼く（約2時間）。とり出して室温で粗熱をとる。粗熱がとれたら氷水をあてて冷やす。油がこぼれない程度に重しをする。
6　1皿分（テリーヌ型1台で約13皿分）に切り分けて木の板にのせる。表面に軽く塩をふる。粒マスタードを添え、セルフィーユを飾る。

クレソンとフェンネルのサラダ

(写真→ P.145)

■材料　1皿分

クレソン　50g
フェンネル　1本
チコリ　1枚
塩　適量
E.V. オリーブオイル　適量
マッシュルーム　½個
ドレッシング※　30g
黒コショウ　適量
グラナ・パダーノチーズ（ブロック）　適量

※ドレッシングのつくり方
　■材料　つくりやすい分量
　フェンネルの葉　2g
　ライム（皮）　1個分
　ライム（果汁）　1個分
　塩　3g
　白ワインビネガー　50g
　E.V. オリーブオイル　90g
　オリーブオイル　90g

フェンネルの葉は細かく刻み、ライムは皮をむいて搾り、皮はみじん切りにする。それらをボウルに入れ、塩を加えてよく混ぜ合わせる。白ワインビネガー、E.V. オリーブオイル、オリーブオイルを加え、再度よく混ぜる。

1　クレソンは適当な大きさにちぎる。フェンネルは茎と根本を切り落とし、皮をむいて、繊維に逆らって厚さ5mm程度にスライスする。チコリは縦に半分に切り、斜めに4～5等分にカットする。
2　**1**をボウルに入れ、塩、E.V. オリーブオイルで軽く和える。器に盛り、スライスしたマッシュルームをちらす。
3　ドレッシングを全体にかけ、黒コショウを軽くふる。仕上げにグラナ・パダーノチーズを削ってたっぷりふりかける。

エビと蓮根のアヒージョ

(写真→ P.146)

■材料　1皿分

レンコン　30g
オリーブオイル　90㎖
ニンニク（みじん切り）　10g
ピューレプロヴァンサル※　15g
塩　適量
エビ（むき身）　6尾
パセリ（みじん切り）　適量

※ピューレプロヴァンサルのつくり方
■材料　つくりやすい分量
ニンニク（皮をむく）　1kg
E.V. オリーブオイル　750g
アーモンド（ホール）　250g
ドライトマト　750g
アンチョビフィレ　250g
エルブ・ド・プロヴァンス　10g

1　ニンニクとE.V. オリーブオイルを弱火にかけ、香りが出たら火を止める。アーモンドは250℃のオーブンで2分間ローストする。
2　**1**のニンニクとアーモンド、ドライトマト、アンチョビフィレ、エルブ・ド・プロヴァンスをフードプロセッサーにかけて細かくする。最後に**1**のオイルを加え、よく混ぜる。

1　レンコンを5gずつに切り、軽く下茹でする。
2　小鍋にオリーブオイルとニンニクを入れて強火にかける。ニンニクが色づいてきたらピューレプロヴァンサルを加え、塩をふったエビとレンコンを加える。
3　エビに火が入ったら火を止め、パセリをふる。

カポナータ

(写真→ P.147)

■材料　約15皿分（1皿分150g）

パプリカ（赤、黄）　各2個
ズッキーニ　2本
タマネギ　2個
ナス　3本
オリーブオイル　適量
ニンニク（みじん切り）　適量
塩　適量
トマトソース※　300 g
松ノ実（ロースト）　30g

※トマトソースのつくり方は、「ボロネーゼ」（P.171）を参照。

1　パプリカ、ズッキーニ、タマネギは5㎜角に切る。
2　ナスはやや大きめの角切りにし、素揚げする。
3　オリーブオイルとニンニクを火にかけ、香りが出たら**1**を加え、塩をふってよく炒める。**2**を加え、トマトソースを入れて約10分間煮込み、松ノ実を加える。

ミネストローネ

(写真→ P.147)

■材料　1皿分

ミネストローネ　270㎖（下記はつくりやすい分量）
タマネギ　6個
ニンジン　3本
ジャガイモ　1kg
ズッキーニ　3本
キャベツ　½個
ニンニク（みじん切り）　50g
オリーブオイル　適量
生ハムの切り落とし（刻んだもの）　100g
セロリの葉（みじん切り）　50g
水　2ℓ
ホールトマト（果肉のみ）　1500g（1缶分）
塩　70g
バジル（フレッシュ）　1パック
グラナ・パダーノチーズ（パウダー）　適量
E.V. オリーブオイル　適量
パセリ（みじん切り）　適量

1　タマネギ、ニンジン、ジャガイモ、ズッキーニは5㎜角の角切りにする。キャベツはやや大きめに切る。
2　ニンニク、オリーブオイル、生ハム、セロリの葉を鍋に入れ、弱火で香りが立つまで炒める。
3　**1**のタマネギを加えて透き通るまで炒め、ニンジンを加えてさらに炒める。
4　ジャガイモ、ズッキーニを入れ、軽く油が回ったら水を加え、ホールトマトの果肉のみを手でつぶしながら入れる。塩を加え、ジャガイモに火が入るまで煮込む（15〜20分間程度）。
5　ジャガイモに火が入ったらキャベツを入れ、ひと煮立ちしたら火を止める。
6　別の鍋に適量のオリーブオイルを入れ、火にかける。150℃くらいまで温度が上がったら、バジルを茎がついたまま入れる。バジルの香りをオイルに移したら、バジルをとり出し、すぐに**5**の鍋に入れる。
7　温めたミネストローネを器に入れ、グラナ・パダーノチーズ、E.V. オリーブオイル、パセリをふる。

トリッパのトマト煮込み

(写真→ P.149)

■材料　1皿分

トリッパのトマト煮込み　120g（下記はつくりやすい分量）
- ハチノス　5枚
- レモン　1個
- 白ワイン　500g
- タマネギ　500g
- ニンジン　350g
- セロリ　250g
- オリーブオイル　適量
- ブロード※1　1kg
- 岩塩　38g
- 白インゲンマメ※2　400g（乾燥した状態で200g）
- ホールトマト（果肉のみ）　1500g（1缶分）
- セージ（フレッシュ）　5g
- ローズマリー（フレッシュ）　3g
- パセリ　15g
- ニンニク　15g
- レモンピール　1個分

水　適量
モッツァレラチーズ　15g
グラナ・パダーノチーズ（パウダー）　5g
パセリ（みじん切り）　適量

※1　ブロードのつくり方
　■材料　つくりやすい分量
　仔牛骨　8kg
　鶏胴ガラ　8kg
　タマネギ　3kg
　ニンジン　1.5kg
　セロリ　500g
　トマト　5個
　ローリエ（ドライ）　8枚
　白粒コショウ　10g
　パセリ軸　1束分
　岩塩　100g
　タイム（フレッシュ）　½パック
　水　適量

1　仔牛骨、鶏胴ガラを流水にさらして血抜きをしてから湯通しする。鶏胴ガラは血合いを掃除して、仔牛骨とともに寸胴鍋に入れる。
2　仔牛骨、鶏胴ガラがかぶるくらいの水を入れ、火にかける。沸いてアクが出たらきれいにとり除き、切り目を入れた野菜と、その他の材料を入れる。
3　ふつふつ沸く程度の弱火でこまめにアクをとりながら約7時間煮込み、静かに漉す。

※2　白インゲンマメは、たっぷりの水にひと晩浸けた後、3%の塩水に入れて火にかける。沸いたらそのまま約20分間、マメが躍る程度の火加減で茹で、ザルにあげる。

1　ハチノスを水から茹で、沸いたら茹でこぼし、ゴミなどがついていたらとり除く。再度水を加えて火にかけ、皮をむいたレモンと白ワインを加える。沸いたら弱火にし、落とし蓋をして約2時間煮る。
2　ハチノスがやわらかくなったら火を止めてとり出し、1cm幅に切る。タマネギも同じ厚さに切る。ニンジン、セロリはみじん切りにする。
3　鍋にオリーブオイル、**2**のタマネギ、ニンジン、セロリを入れて炒める。野菜が透き通ってきたら、**2**のハチノス、ブロード、岩塩、白インゲンマメを加え、ホールトマトの果肉のみを手でつぶしながら入れ、2時間ほど煮る。
4　みじん切りにしたセージ、ローズマリー、パセリ、ニンニク、レモンピールを入れ、火を止める。
5　小鍋に**4**と少量の水（火にかけたときに煮詰まるぶんの水分）を入れ、火にかける。ハチノスが温まったらモッツァレラチーズ、グラナ・パダーノチーズをかけ、250℃のオーブンで5分間ほど焼く。バーナーで表面に焼き色をつけ、パセリをふる。

バーニャカウダ

(写真→ P.148)

■材料　1皿分

バーニャカウダソース　60g（下記はつくりやすい分量）
- バター　100g
- バーニャカウダのベース※　300g
- 生クリーム（乳脂肪分35%）　300g
- 味噌（信州こがね味噌）　40g

旬の野菜10種程度　各適量

（写真は、ニンジン、パプリカ赤・黄、ミニトマト、辛味ダイコン、紅くるりダイコン、ブロッコリー、ズッキーニ、カブ、ルッコラ、ラディッシュ、キュウリ）

※バーニャカウダのベースのつくり方
　■材料　つくりやすい分量
　牛乳　適量（ニンニクがひたひたにかぶる程度）
　ニンニク　2kg
　アンチョビフィレ　600g
　オリーブオイル　1ℓ

牛乳と皮をむいたニンニクを鍋に入れて火にかけ、ニンニクに火が入ったらとり出す。ミキサーにニンニクとアンチョビフィレを入れて混ぜ、少しずつオリーブオイルを加えてつなぐ。

1　バーニャカウダソースをつくる。バターを鍋に入れて火にかけ、焦がしバターの状態になったら火からおろし、バーニャカウダのベース、生クリーム、味噌を加えて混ぜ合わせる。
2　野菜を食べやすい大きさに切り、木の板に盛る。ココットに温めた**1**を盛り、添える。

ボロネーゼ

（写真→ P.150）

■材料　1皿分

ラグー　90g（下記はつくりやすい分量）
- 豚ウデ肉　1kg
- 牛バラ肉　1kg
- オリーブオイル　適量
- 赤ワイン　1ℓ
- タマネギ　1kg
- セロリ　200g
- 牛挽肉（大粗挽）　2kg
- グラニュー糖　50g
- ホールトマト　2500g（1缶分）
- バジル（茎ごとみじん切りにする）　2本
- ローリエ（ドライ）　1枚
- 塩　50g
- バルサミコ酢　30g

スパゲティ（1.7mm）　80g
トマトソース※　60g
グラナ・パダーノチーズ（パウダー）　20g
バター　10g
モッツァレラチーズ（角切り）　10g
グラナ・パダーノチーズ（パウダー。仕上げ用）　適量
黒コショウ　適量
パセリ（みじん切り）　適量

※トマトソースのつくり方
　■材料　つくりやすい分量
　オリーブオイル　適量
　ニンニク　3片
　タマネギ　3個
　ホールトマト　7500g（3缶分）
　岩塩　75g

オリーブオイルとニンニクを鍋に入れて火にかける。ニンニクが色づいたらとり出し、みじん切りにしたタマネギを加えて炒める。タマネギが透き通ってきたら、フードプロセッサーにかけたホールトマトと岩塩を入れ、とろみがつくまで煮詰める。

1　ラグーをつくる。豚ウデ肉と牛バラ肉は1.5cm角に切り、オリーブオイルをひいたフライパンでキツネ色になるまでしっかり炒める。赤ワインを加え、フライパンについたうまみをこそげとる。

2　タマネギ、セロリをフードプロセッサーにかけて、粗みじん切り程度に細かくし、オリーブオイルをひいた鍋で炒める。火が通ったら、牛挽肉を入れてさらに炒める。

3　別のフライパンにグラニュー糖を入れて火にかけ、カラメル状になったら**2**の鍋に加える。

4　ホールトマトを手でつぶしながら**2**の鍋に加え、**1**とバジル、ローリエ、塩、バルサミコ酢を加えて約2時間煮込む。

5　スパゲティを8分30秒間茹でる。その間に**4**のラグーとトマトソースを鍋に入れて温める。

6　茹で上がったスパゲティを**5**の鍋に加え、よく混ぜる。グラナ・パダーノチーズ、バターを入れてよく混ぜ、モッツァレラチーズを加えて火を止める。

7　器に盛り、グラナ・パダーノチーズ、黒コショウ、パセリをふる。

北海道産牛ランプステーキ

（写真→ P.151）

■材料　1皿分

牛ランプ肉
　1ブロック（約3.5～4.5kg）のうち250g使用
塩　適量
黒コショウ　適量
フライドポテト　60g
塩（仕上げ用。フルール・ド・セル）　適量
粒マスタード　10g

1　牛ランプ肉は、スジや余分な脂などをとりのぞいておく。250gに切り分け、塩、黒コショウをふり、多めのオリーブオイル（材料外）を熱したフライパンで全体をしっかり焼き固める。肉をとり出し、焼いた時間と同じくらいの時間、温かい場所でやすませる。

2　肉をやすませている間にフライドポテトを揚げる。

3　肉を250℃のオーブンで温め直し、食べやすい大きさに切る。

4　木の板に**2**と**3**を盛る。肉に塩、黒コショウをふり、粒マスタードを添える。

エビイロ

白レバーパテ　トリュフ風味

（写真→ P.152）

■材料　10皿分（1皿分20g）

鶏白レバー　200g
牛乳　適量
ニンニク　1片
オリーブオイル　適量
ローリエ（ドライ）　1枚
マルサラ酒　適量
生クリーム（乳脂肪分38％）　20ml
トリュフオイル　適量
黒コショウ　適量
バゲット（薄切り）　適量

1　鶏白レバーの下処理をする。レバーの太い血管をとり除き、流水に1時間さらしてから牛乳に6時間浸す。
2　ニンニクはみじん切りにして、オリーブオイルとともにフライパンに入れて火にかける。香りが出たらローリエと**1**の鶏白レバーを入れる。
3　鶏白レバーの表面が白くなってきたら、マルサラ酒を加え、アルコールを飛ばしながら完全に火を通す。
4　ローリエをとり出し、**3**をフードプロセッサーに入れてペースト状にしてから裏漉しする。
5　生クリームを10分立てにして、**4**のペーストとトリュフオイルを合わせる。
6　皿に盛ってトリュフオイル少量と黒コショウをかけ、トーストした薄切りのバゲットを添えて提供する。

自家製オイルサーディン

（写真→ P.152）

■材料　2皿分

イワシ（大きめのもの）　2尾
塩、白コショウ　適量
オリーブオイル　300ml
サラダオイル　200ml
ローリエ（ドライ）　2枚
レモン　1/4個
イタリアンパセリ　適量

1　イワシを3枚におろし、塩、白コショウをふって15分間おく。
2　キッチンペーパーでイワシの水けをふきとる。
3　鍋にオリーブオイル、サラダオイル、ローリエ、レモンを入れ、イワシを皮目を上にして並べる。
4　ごく弱火で1時間加熱したら火を止め、そのまま冷ましておく。
5　オーダーが入ったら、イタリアンパセリを添えて提供する。

タコとアボカドのサラダ

（写真→ P.153）

■材料　1皿分

タコ（足）　1本
アボカド　1/2個
ミニトマト　2個
レモンドレッシング※　30ml
ワサビ　適量
醤油　5ml
塩　適量
バジル（フレッシュ）　1枚

※レモンドレッシングは、レモン果汁、E.V.オリーブオイル、サラダオイルを同割で合わせたもの。

1　タコとアボカドを、大きさをそろえて角切りにする。
2　ミニトマトを半分に切る。
3　**1**と**2**をボウルに入れ、レモンドレッシング、ワサビ、醤油、塩、適当な大きさにちぎったバジルを加え、アボカドをつぶさないようにして混ぜる。

燻製カジキマグロのカルパッチョ

(写真→ P.153)

■材料　1皿分

塩　120g
砂糖　120g
メカジキ（千葉・銚子産）　100g
スモークチップ（桜）　20g
ベビーリーフ　適量
レモンドレッシング※　適量
塩　適量
ミニトマト（くし形切り）　1個
オレンジ（くし形切り）　1片

※レモンドレッシングのつくり方は、「タコとアボカドのサラダ」（P.172）を参照。

1　塩と砂糖を混ぜてメカジキにまぶし、2時間おく。
2　**1**のメカジキを軽く洗ってキッチンペーパーで水けをふきとる。
3　バットにスモークチップの半量を入れて火にかけ、煙が出てきたら火を止める。脚つきの網を置き、その上に**2**のメカジキをのせて、別のバットで蓋をして1分間いぶす。
4　メカジキをとり出して、残り半量のスモークチップをバットに入れて火にかけ、煙が出てきたら火を止める。
5　メカジキをバットにもどす。**3**で煙をあてたのとは反対の面をいぶすように網の上に置き、別のバットで蓋をして1分間スモークする。
6　メカジキをとり出して冷蔵庫に入れる。
7　ベビーリーフをレモンドレッシングと塩で和えて皿に敷く。
8　**6**のメカジキを薄切りして**7**の上に並べる。ミニトマトとオレンジを添えて提供する。オレンジは絞ってカジキマグロにかけて食べるようにすすめる。

どっかんキャベツ 焦がしアンチョビバター

(写真→ P.154)

■材料　1皿分

オリーブオイル　適量
キャベツ　1/4個
バター　10g
ニンニク（みじん切り）　1片
アンチョビフィレ　5g
イタリアンパセリ（みじん切り）　適量
塩、黒コショウ　各適量

1　熱した鉄板に少量の水（材料外）、オリーブオイルをひき、キャベツを置いて丸カバーで蓋をする。キャベツに軽く焦げ目がつき、しんなりするまで火を入れる。
2　鍋にバターを入れ、ニンニクと軽くつぶしたアンチョビフィレを加えて火にかける。
3　バターに軽く色がついたら、火を止めてイタリアンパセリを加える。
4　**2**のキャベツに塩、黒コショウをふり、**3**をかけて提供する。

砂肝のコンフィ

（写真→ P.154）

■材料　1皿分

砂肝のコンフィ　50g（下記はつくりやすい分量）
├ 砂肝　1kg
├ 塩　適量
├ 黒コショウ　適量
├ ラード　1kg
└ ローズマリー（フレッシュ）　適量
カポナータ　50g（下記はつくりやすい分量）
├ パプリカ（赤、黄）　各1個
├ ナス　1本
├ ズッキーニ　1本
├ タマネギ　1個
├ E.V. オリーブオイル　適量
├ トマトソース※1　100㎖
├ 赤ワインビネガー　20㎖
├ シェリー酒　適量
└ 塩　適量
セルバチコ　適量
レモンドレッシング※2　適量
塩　適量
黒コショウ　適量

※1　トマトソースのつくり方は、次の通り。タマネギ1個をE.V. オリーブオイルでアメ色になるまで炒め、ホールトマト2.5kg（1缶分）を加えて弱火で30分間煮る。目の粗いザルに入れ、泡立て器で静かに混ぜながら漉す。

※2　レモンドレッシングのつくり方は、「タコとアボカドのサラダ」（P.172）を参照。

1　砂肝のコンフィをつくる。砂肝は銀皮をとり、適量の塩、黒コショウでもみ、20分間おく。
2　ラードを鍋に入れて室温におき、溶かしておく。
3　1の砂肝の水けをキッチンペーパーでふきとり、2の鍋に入れる。ローズマリーを加えて弱火にかける。
4　小さな泡が出てくるくらいの状態で、2時間煮る。途中でアクをとる。
5　カポナータをつくる。パプリカ、ナス、ズッキーニ、タマネギを同じ大きさの角切りにし、それぞれE.V. オリーブオイルで炒める。
6　5を鍋に入れ、トマトソース、赤ワインビネガーを加えて、ビネガーの酸味が飛ぶまで加熱する。シェリー酒、塩で調味する。バットに移して、適量のE.V. オリーブオイルをからめておく。
7　セルバチコをレモンドレッシングと塩で和えて皿に盛り、6のカポナータを添える。砂肝のコンフィをセルバチコの上にのせ、黒コショウをかける。

広島産カキのオイル漬け

（写真→ P.155）

■材料　1皿分

マリネ用オイル（下記はつくりやすい分量）
├ オリーブオイル　200㎖
├ ニンニク　1片
└ タカノツメ　1本
牡蠣（広島産）　4個
オリーブオイル　適量
オイスターソース　15㎖
糸唐辛子　適量

1　マリネ用オイルをつくる。オリーブオイルにつぶしたニンニクとタカノツメを入れておく。
2　牡蠣の水けをキッチンペーパーでふきとる。
3　フライパンにオリーブオイルと牡蠣を入れて火にかける。
4　牡蠣の表面に軽く焦げ目がついたら火を止め、オイスターソースをからめて粗熱をとる。
5　4を、消毒したガラス瓶などの保存容器に入れ、**1**のマリネ用オイルを注いで冷蔵庫に入れて1週間ねかせる。
6　オーダーが入ったらマリネした牡蠣をとり出し、糸唐辛子をちらして提供する。

特上牛タンすじのポトフ ゆずこしょう風味

(写真→ P.156)

■材料　1皿分

牛タン　1kg（1本で仕込み、100gを使用）
水　適量
タマネギ　½個（1個で仕込み、½個を使用）
白醤油　15㎖
ローリエ（ドライ）　1枚
塩　適量
ユズコショウ　適量

1　牛タンは掃除をしてから水から茹で、一度茹でこぼす。再度水から4時間程度煮て、やわらかくなったらそのまま冷ます。
2　タマネギは皮ごとアルミホイルにくるみ、オーブンに入れて200℃で20分間焼く。粗熱がとれたら皮をむいておく。
3　牛タンを20gに切り分けて、100gを提供用の小鍋に入れる。**1**の煮汁を肉がかぶるくらいまで注ぎ、白醤油、ローリエ、塩、**2**のタマネギ½個分を加えて10分間加熱する。ユズコショウを添えて提供する。

アンチョビチーズ焼きオニギリ

(写真→ P.156)

■材料　2個分

ご飯　茶碗2杯分
スモークチーズ（角切り）　20g
アンチョビフィレ（叩く）　10g
醤油　適量
バター　5g

1　冷やご飯の場合には軽く温める。
2　スモークチーズとアンチョビフィレを具にしておにぎりをつくる。
3　鉄板にオリーブオイルをひき、**2**の表面がカリッとなるまで焼く。
4　醤油とバターをぬって両面をふたたび焼き、焦げ目をつける。

やわらかーい煮豚と キャロットラペ

(写真→ P.157)

■材料　1皿分

煮豚　50g（下記はつくりやすい分量）
├ 豚バラ肉　1kg
├ 水　適量
└ 塩　適量
キャロットラペ　20g（下記はつくりやすい分量）
├ ニンジン　1本
├ 塩　適量
├ 粒マスタード　大さじ1
├ クミンシード　適量
├ レモンドレッシング※1　15㎖
├ シェリービネガー　5㎖
└ ハチミツ　大さじ1
ニンニクオイル※2　適量
パプリカパウダー　適量
ディジョンマスタード　適量

※1　レモンドレッシングのつくり方は、「タコとアボカドのサラダ」(P.172) を参照。

※2　ニンニクオイルは、みじん切りにしたニンニクにサラダオイルをひたひたになるまで注いで強火にかけ、ニンニクが茶色くなるまで加熱したもの。

1　煮豚をつくる。豚バラ肉を水から茹でて、茹でこぼす。
2　**1**に肉がかぶるくらいの水を入れ、塩を加えて4〜5時間、肉がやわらかくなるまで煮る。途中、水が少なくなったら水を足す。
3　キャロットラペをつくる。皮をむいたニンジンをせん切りにして水にさらす。水けをきり、適量の塩をふって、しばらくおいて水が出てきたら水をきる。
4　粒マスタード、クミンシード、レモンドレッシング、シェリービネガー、ハチミツ、適量の塩をボウルに入れてよく混ぜ、**3**を加えて和える。
5　**2**の煮豚を厚さ1.5cmに切って皿に盛り、ニンニクオイルとパプリカパウダーをかける。キャロットラペを添え、ディジョンマスタードとともに提供する。

ワインの品ぞろえ、売り方の工夫

ワインが日常に浸透していることは
ワイン食堂の盛況ぶりからもうかがえます。
よりワインに親しみをもってもらうため、
また他店との差別化を図るため、
各店、品ぞろえや売り方に工夫を凝らしています。

　より幅広い客層にワインに親しんでもらうため、多くの店が課題としているのが「『ワインは難しい』と感じているワイン初心者の抵抗感をなくす」こと。本書で紹介している店は、ボトル1本4000〜6000円の「自然派ワイン」が売れ筋となっているところが多い。というのも、自然派ワインは、大雑把にいえば「ナチュラルな素材、製法で仕込んだワイン」。ワインの産地や品種などの知識がなくても親しみやすい、新しいジャンルだからだ。

　自然派ワインを扱う多くの店では、紙に書いたリストをあえて置かない。ソムリエがお客の好みを聞き、数本のワインボトルをチョイスしてテーブルで説明する、もしくはお客に直接セラーに入ってもらい、好みのワインを選んでもらうといったサービスで、ワイン選びの楽しさを体験できるようにしている。なかには、グラスワインを10種前後と豊富にそろえたり、積極的に試飲をすすめたり、より気軽にワインを楽しめるようなサービスを行っている店もある。ボトルやラベルを見せ、試飲を通して感覚的にワインを選べるようにするのも、オーダー数を増やす秘訣のようだ。

　その店ならではのアイテムが飲めるというのは、大きな差別化のポイントだ。自店で熟成させた希少な銘柄をそろえる「Mitsu-Getsu」や「ラ・ピヨッシュ」、自社輸入のワインをリーズナブルな価格で提供する「レトノ」などはその一例。「ワインショップ&ダイナー フジマル」は、自家醸造したワインをステンレス製の樽で店に運び、その場でしか飲めないフレッシュなワインを提供している。

　自然派ワインを扱う店ではとくに、ワインの産地ではなく、生産者にスポットをあてる傾向がある。産地情報やヴィンテージにとらわれず、ワインの個性を追求する面白さがあるが、自然派ワインの仕入れ先がまだ限られていることもあって、個性を追求しているつもりが、どの店も似たような品ぞろえになってしまうおそれもある。ワインを仕入れる側は、今後は、背景となる産地やヴィンテージなどを踏まえたうえで、自店の料理やコンセプト、お客の要望に沿う独自の品ぞろえを行う必要があるだろう。

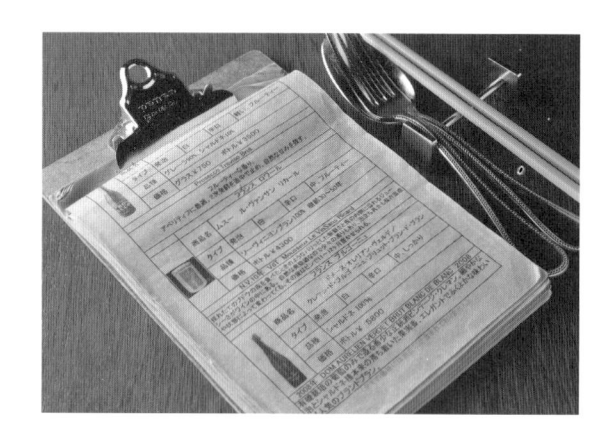

パーラー
楽記
レンゲ
Mitsu-Getsu

ワインとエスニック

ワインに合わせる料理といえばフレンチかイタリアン、
そう思っていませんか？
じつは、和食も、中国料理も、エスニックも、
ワインとの相性は非常によいのです。
しかも、ワインと組み合わせることで、
従来とは違う味わい方、楽しみ方を発見できます。
白ワインと刺身、赤ワインとチャーシュー──。
ワイン好きなら、試してみたい組合せです。

昼は食堂、夜はバル。スパイシーな
シンガポール料理をワインと楽しむ

パーラー

PARLOUR

東京メトロ・六本木駅から徒歩5分。ランチタイムはチキンライスが売りの「海南鶏飯食堂M」、夜はワインとシンガポール料理の店「パーラー」として営業。

　東京・六本木の裏通りにある「パーラー」はシンガポール料理と自然派ワインの店だ。14坪の小さな店だが、近隣の外資系企業に勤めるビジネスマンを中心にいつもにぎわっている。じつはこの店、昼は「海南鶏飯食堂M」として営業している。看板料理は、茹で鶏とご飯を盛り合わせたシンガポールの名物料理「チキンライス」だ。「海南鶏飯食堂」の1号店は麻布十番、2号店は恵比寿にあり、同店は3号店にあたる。

　海南鶏飯食堂は、中西紫朗さんと小柴茂樹さんの共同経営。いまから20年前、アメリカの調理師学校に留学していた中西さんが小柴さんと出会い、小柴さんがつくるチキンライスに惚れ込んだのがことのはじまりだ。シンガポールで育った小柴さんのチキンライスは、老舗ホテルの味にならった本格的な味だった。「こんなにうまいものがあるのかと思い、いつか日本でチキンライスの店を一緒にやろうと約束しました」（中西さん）。帰国後、紆余曲折を経て2003年に1号店をオープン。当時チキンライスを提供する店は日本にはほとんどなく、本格的なシンガポール料理を出す店も少なかったが、麻布周辺にはシンガポールに駐在したことのある外資系企業の社員も多くいたことから、クチコミで徐々に客数が増え、3店舗を展開するまでになった。

　パーラーはワインの品ぞろえを強化し、夜の居酒屋的利用をねらった業態だ。料理は、「サンバルカンコン」（P.187）や「マサラチキン」（P.191）など、ワインと相性のよいスパイスの香り豊かな一品料理がそろう。また、210〜630円の手ごろな価格で、「ワダ南インド風豆のコロッケ」（P.186）や「アジア海老煎」などのつまみをそろえているのも特徴だ。

　同店では、日本にはない調味料は自家製しており、スタッフのシンガポール研修旅行なども定期的に行っているという。「シンガポール料理を真剣に学び、そのまま再現しようとする店はいまでも少ないはず」と中西さん。「本物の味」が差別化のカギになっている。

DATA

東京都港区六本木 4-5-8
03-5413-3946

開業 ……… 2013年9月
営業時間　海南鶏飯食堂M　11:30〜13:30 (L.O.)、
　　　　　　土曜・祝日　11:30〜14:30 (L.O.)
　　　　　パーラー　18:00〜22:00 (L.O.)
定休日 ……… 日曜、第3月曜
席数 ……… 21（カウンター9席、テーブル12席）
価格帯 ……… 前菜 500〜1000円、メイン 1000〜2500円
ワイン ……… オーストラリア産、イタリア産、
　　　　　フランス産などの自然派ワイン。
　　　　　ボトル中心価格帯 3800〜6800円、
　　　　　グラス10種前後650円〜

上／カウンター席を中心とした客席構成。店長の小林さんがすすめるワインを楽しみに来店するお客も多い。右／お客の描いた落書きも、立派なインテリア。同店には多くのファンがついている。

スパイスを多用するシンガポール料理と好相性のワインをセレクトしている。左から西オーストラリアのリースリング、フランス・ロワールの微発泡ロゼ、南フランスのロゼワイン。

調理を統括する小柴茂樹さん（左）と、サービス全般を統括する中西紫朗さん（右）の共同経営。ともにアメリカの調理師学校CIAの卒業生。

店舗スタッフ。店長でワイン担当の小林輝政さん（中央）、調理を担当する大橋秀年さん（左）とタパ・スニル・シンさん（右）。

本場さながらの香港焼きもの料理と
自然派ワインのマリアージュ

楽記

RAKKI

東京メトロ・外苑前駅から徒歩6分。キラー通りから少し奥に入った場所にある、隠れ家的レストラン。一見客は少なく常連客が中心。

　ブームとなって久しいビオワインや自然派ワインのパイオニアといえば、「楽記」のオーナーである勝山晋作さんだ。東京・六本木のビストロ「祥瑞」や銀座のビストロ「グレープ ガンボ」（現在閉店）などで、20年以上前から個性に富んだ自然派ワインを中心にとり扱い、その味わいを広めてきた。

　2013年7月にオープンした外苑前の「楽記」では、勝山さんが選ぶ自然派ワインと香港の焼きもの料理を提供している。中国茶や香港料理に詳しい菊地和男さんをアドバイザーとして迎え、香港の料理店や屋台のメニューを再現している。焼きもの料理は「炭火釜焼きチャーシュー」（P.198）や「炭火釜焼きアヒル」（P.199）など7品（1500～9500円）をラインアップ。素材を金串にかけて香港製の炭火焼き釜で焼き、ガラス張りの厨房の前に次々に吊るして"本場の焼きもの"をアピールしている。

　肉を焼くのは「福臨門酒家」や「ザ・ペニンシュラ東京」で修業し、その後13年間"焼きもの師"として修業を積んだ名田定広さん。専用の釜で焼き上げる炭火焼きには熟練した技術が必要だが、焼き上げた肉は、オーブン焼きよりもしっとりとしていて、冷めても固くなりにくい。

　「ナチュラルなワイン」のコンセプトに合わせ、化学調味料を使わないのも同店の料理の特徴だ。タマネギやニンジンを焼いてパウダーにして調味料として使ったり、ハマナス酒で香りづけをしたり、工夫を凝らしてうまみを引き出している。付合せの「茹でピーナッツ」も生のピーナッツを何度も茹でこぼしてアクを抜いてから味つけし、3日間かけて仕込んでいる。「仕込み作業は長時間におよびますが、一度食べに来られたお客さまは、かならず当店の味に納得されると思います」と名田さん。客単価は8000円とけっして安くはないが、オープン以来、連日満席で客足が途絶えたことがない。本物の味を追求する姿勢が、お客に伝わっている証拠だろう。

DATA

東京都渋谷区神宮前3-7-4
03-3470-0289

開業	2013年7月
営業時間	月～水曜18:00～22:00 (L.O.)、 木・金曜18:00～22:30 (L.O.)、 土曜17:00～21:30 (L.O.)
定休日	日曜
席数	54（地下20席、2階34席）、 1階には立ち飲みできるカウンターがあり約15名収容可能
価格帯	炭火焼き料理1500円～、 海鮮料理1200円～、その他料理500円～
ワイン	フランス産、イタリア産などの自然派ワイン。 ボトル中心価格帯6000円前後。 グラス5種前後1000円～

地下と2階が客席で、1階にはワインを立ち飲みできるカウンターと厨房がある。入口を入って左手の厨房に香港製の炭火焼き釜を2台置き、常時肉を焼いている。肉は金串にかけて干し、そのまま釜に入れて高温で焼き上げている。

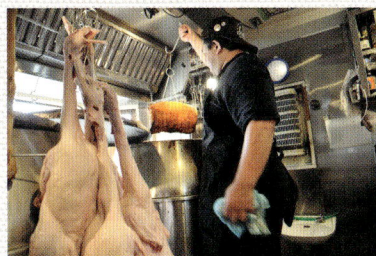

焼きものの専任でシェフの名田定広さん(左)と、一品料理を担当する香港出身のスタッフ、蔡小亮(チョイ ショウ リョン)さん(右)。

明るくモダンな内装の2階客席には、30〜40代の比較的若い客層やグループ客などを案内することが多い。地階は、2階とは雰囲気を変えて、落ち着きのある内装に。おもに50〜60代の男性客や1人客など、静かに食事をしたいお客を案内しているという。

ワインに合うチャイニーズタパスと
高級食材を使ったオリジナル料理が人気

レンゲ

Chinese Tapas Renge

東京メトロ・新宿三丁目駅から徒歩2分。飲食店が立ち並ぶ界隈の雑居ビルの2階に出店。場所柄、一見客は入りづらいが、店内は連日満席。知る人ぞ知る人気店だ。

　東京・新宿三丁目の創作中国料理の店「レンゲ」。雑居ビルの2階で店構えは目立たないが、一度来店するとその味の虜になる人も多い。けっして強い味の料理ではない。しかし、忘れられない料理なのだ。
　オーナーシェフの西岡英俊さんは、独立前は上海料理の名店「シェフス」（東京・新宿）に約10年間勤め、オーナーの故・王惠仁氏に師事。他ジャンルの飲食店でも経験を積み、2009年8月に同店をオープンした。
　レンゲは、上海料理を軸とした中国料理をベースに、日本やイタリアなど各国料理のエッセンスを織り交ぜた料理を提供している。メニューは、チャイニーズタパス（前菜）、点心、魚・肉・野菜料理、麺飯類、デザートの約50品で構成。とくにユニークなのは、お酒と合わせやすいタパスメニューを充実させていることで、常時20種弱のタパスメニューのなかから、3種、あるいは5種を選んで組み合わせる「タパス盛り合わせ」（P.200）は人気メニューだ。
　料理に関して、西岡さんがつねに考えているのは、「うまみをいかに抽出し、雑味なく仕上げるか」。それを端的に表現しているのがレンゲの上湯だ。西岡さんは、雑味の出やすい鶏ガラなどは使わない。牛肉、鶏肉、豚肉やホタテ貝柱など9種の素材をふんだんに用い、長時間煮込まずにだしをひく。そうすることで、クリアで深い味わいのスープがとれるという。この上湯は「キタアカリの雪菜炒め」（P.202）などの隠し味になる。他にもアサリやスジアラなどの魚介類からだしをとり、ラーメンのスープなどに使っている。いずれも素材を惜しみなく使って、短時間でうまみを抽出する手法は共通している。
　食材の原価率が45％に達するメニューもある。たとえば「上海蟹みそ"黄金"麻婆豆腐」（P.203）には、冬季はカニミソ、夏季はウニをたっぷり使用。この他、フカヒレやアワビなどの高級食材を惜しみなく使った料理をいくつかメニューに加え、他店にはない個性を出している。これらのメニューをきっかけに、お客との会話が弾むこともあるそうだ。

DATA

東京都新宿区新宿 3-12-1　2F
☎ 03-3354-6776

開業 ……… 2009年8月
営業時間 … 18:00〜翌0:00
定休日 …… 月曜
席数 ……… 11（カウンター8席、テーブル3席）
価格帯 …… チャイニーズタパス　600円〜、点心600〜1200円、
　　　　　　魚料理2800〜11500円、肉料理2500円〜、
　　　　　　野菜料理1200〜1600円、
　　　　　　麺飯類1000〜5500円、デザート600〜800円
ワイン …… フランス産、チリ産など。ボトル4000〜10000円、
　　　　　　グラス6種 800〜1600円

カウンター8席とテーブル3席のこぢんまりとした店内。通常、カウンター内にスタッフが2人入って接客し、つきあたりの厨房で西岡さんが料理をつくる。西岡さんは、営業時間中は調理に集中しているので、お客の反応などについては営業時間後にスタッフに確認するという。

オーナーシェフの西岡英俊さん。上海料理店「シェフス」の他、イタリア、スペイン、ニュージーランドの和食店で働いた経験もあり、調理に関する引き出しも豊富。調理師学校の講師も務めている。

ファミリー客もワインマニアも訪れる
懐の深い「街角の食堂」

Mitsu-Getsu

小田急線経堂駅から徒歩2分の場所に移転リニューアルオープン。駅から住宅街に伸びる通り沿いに立地。

　東京・経堂に、2014年7月にオープンした「Mitsu-Getsu」の前身は、同じく世田谷区・下高井戸にあった「蜜月」だ。蜜月は、ワインショップを手がけるオーナーの高橋寿典さんが立ち上げた店で、電話帳のようにぶ厚いワインリストを用意したワインバー。高橋さんのセレクトするワインは、クオリティが高く価格もリーズナブルとあって、ワイン愛好家の間では評判だった。だが、ともすると、客層が限られるというきらいもあった。

　移転リニューアルオープンしたMitsu-Getsuは、より多くのお客が利用できる店になった。「1日の最後にほっとできる店でありたい」と、店長の小野優子さん。カジュアルにワインと料理を楽しめる「街角の食堂」をコンセプトに、誰もが心地よくくつろげる店づくりを行っている。

　メニューはアラカルトで、前菜、パスタ、魚料理、肉料理、ご飯ものなど約50品をラインアップ。和食出身の立部雅之さんとイタリアン出身の早乙女 充さんが厨房に立ち、多彩な料理をつくり出している。お浸しや煮ものなどの和食メニュー、パスタやニョッキなどのイタリアンメニューに加え、オリーブオイルを加えた「白身魚の昆布〆 クレソンと岩海苔のマリネ」(P.209)や、和風だしをスープに仕立てた「スッポンのラヴィオリ スープ仕立て」(P.212)など日伊融合のメニューがあるのも同店ならではだ。

　ワインリストは、蜜月で使用していたリストの他、ワイン初心者のために、南アフリカや日本の小規模生産者を加えた簡易版も用意。グラスワインも12種と豊富に用意している。地下1階にはワインショップがあり、レストランと合わせて約1万本をストック。ワイン好きにとっての楽しさも失われていない。

　15時から営業しているので、午後にベビーカーを押す母親たちが会食したり、若い女性がグラスワインを楽しんだり、カフェ感覚で利用するお客も増えているという。ワインと料理を気軽に楽しめる食堂として、着実に地域に根づいている。

DATA

東京都世田谷区経堂 2-13-1
03-6413-1810

開業	2014年7月(移転リニューアルオープン)
営業時間	15:00〜翌0:00、金・土曜 15:00〜翌2:00
定休日	火曜
席数	28(カウンター8席、テーブル20席)
価格帯	前菜540〜1950円、パスタ1620〜2000円、魚料理1300〜2800円、肉料理840〜2810円
ワイン	フランス産と南アフリカ産が中心。ヴィンテージを豊富にそろえている。ボトル中心価格帯5000〜7000円、グラス12種 850〜1580円

上／墨で植物を描いたかのようなデザインのとり分け皿。和食もイタリアンも映える食器を探した。右／パスタを箸で食べられる気楽さも人気。

ブルゴーニュの銘醸ワインも早い時期から購入して在庫しているため、現在の市価と比べてかなりリーズナブルと評判。基本的には無農薬栽培の小規模生産者のワインをそろえている。

入口を入って、正面にカウンター席、デシャップスペースを挟んでその奥にオープンキッチンが見える。カウンター席と厨房の間にデシャップスペースを設けることで、カウンター席のお客へのワインなどのサービスがしやすくなる。

左からイタリア料理担当の早乙女 充さん、店長兼ソムリエールの小野優子さん、和食担当の立部雅之さん。「異なるジャンルの料理人と一緒に仕事することで、よりよいアイデアが生まれます」と早乙女さん。

パーラー

チャーシュー
◆◆◆

豚バラ肉を、味噌と醤油を合わせた
タレに漬け込んで、オーブンでロースト。
焼き上げたら表面にシロップをぬり、
オーブンの余熱で5分間ほど火を通す。
余熱調理によって、表面は香ばしく、
中はしっとりと仕上がる。

(つくり方→ P.220)

ワダ
南インド風豆のコロッケ
◆◆◆

挽き割りにしたウラドマメ(インドのマメ)を
ペースト状にし、
レモングラスやカレーリーフを加え、
円盤状に成形して揚げる。
ミントを加えたソースがアクセント。
揚げものの香ばしさに、
ハーブと柑橘系のさわやかな香りが加わり、
白ワインとも合わせやすい。

(つくり方→ P.220)

サンバルカンコン

◆◆◆

空芯菜の炒めもの。塩とニンニクで調味したものはよく見られるが、
これはエビのペーストと干しエビ、赤唐辛子の入ったサンバルソースで味つけ。
うまみと辛みがしっかりきいた、印象的な味わい。

(つくり方→P.220)

茄子とオクラのベラド
スパイシートマトソース和え

◆◆◆

唐辛子入りのトマトソースをナスとオクラにからめた、ピリ辛のシンガポール料理。
「ベラド」とは、スパイシーなトマトソースを指し、カレー粉を加える場合もある。
野菜も、ナスとオクラに限らず、カボチャやジャガイモなどをベラドと和えても美味。

（つくり方→ P.221）

ゴーヒャン

◆◆◆

シンガポールで定番のスナックで、中国の福建料理をベースとしている。
豚挽肉とぶつ切りにしたエビを湯葉で春巻のように巻き、
蒸してから揚げている。

(つくり方→ P.221)

大根オムレツ

◆◆◆

ダイコン入りのオムレツは、シンガポールの名物料理のひとつ。
パーラーでは「中国のたくあん」ともいわれる干しダイコン、チャイポーを、
ラードで炒めてオムレツの中に入れている。

(つくり方→ P.221)

トリッパ

❖❖❖

おなじみのトマト風味ではなく、シンガポールや東南アジア料理などで
よく使われる味噌の一種、タオチオで味つけ。
バイマックルー（コブミカンの葉）の清涼感のある香りが印象的。

（つくり方→P.222）

ミミガー

❖❖❖

豚耳を3種の醤油で煮込んで細切りにし、たっぷりの野菜と合わせて
サラダ仕立てに。下味がついているので、豚のくさみはほとんど感じない。
コリアンダーとホムデン（赤ワケギ）を加えてさわやかな味わいに仕上げた。

（つくり方→P.222）

マサラチキン

南インドと中国のフュージョン料理で、
鶏肉をフェンネル、カレー粉、
オイスターソースなどで調味する。
辛みを抑えて香りを立て、
ワインと合わせやすく仕立てている。
西オーストラリアのリースリングなどとぴったりの相性。

（つくり方→P.223）

ソフトシェルクラブ

海産物の豊かなシンガポールでは、カニ料理の人気も高い。
黒コショウをたっぷり加えて香り高く、
最後にバターを加えてマイルドに仕上げたソースで、
カリッと揚げたソフトシェルクラブを和える。

(つくり方→ P.223)

楽記

光鶏の特製醤油漬け
◆◆◆
香港と同じ短脚種の小ぶりな鶏を使う。
余熱でゆっくりと火を入れるのがコツだ。
やわらかく仕上げ、タレに浸して味をしみ込ませる。
皮を破かず、いかに鮮やかな色に仕上げるか、
職人の技術が問われる料理。

(つくり方→ P.224)

皮付き豚バラ肉のクリスピー焼き
◆◆◆

カリカリに焼き上がった皮と、
しっとりとした身の食感のコントラストが魅力の一品。
最初に皮のみに火を通し、
身に味をつけて2日間干してから焼く。
時間をかけたていねいな仕込みが光る。

（つくり方→P.225）

湯引きレタス 紅焼ソース
◆◆◆

茹でたレタスに中国産醤油をブレンドした
紅焼ソースを添える。
シンプルなメニューだが、
ほどよく火が通って油のからんだレタスと、
濃厚なソースの風味が調和して、
後を引く一品に仕上がっている。

（つくり方→P.226）

茹で才巻海老 特製醤油ソース

♦♦♦

塩茹でのエビにタレを添えたシンプルなメニューだけに、
タレの味が差別化のカギ。薄口醤油と濃口醤油をベースに、
鶏肉やナンプラーのうまみを合わせ、
中国産のたまり醤油や山椒油などを加えて風味を出している。

(つくり方→ P.226)

モンゴウイカの揚げ物

肉の炭火焼きのみならず、
新鮮な魚介を使った料理も楽記の看板メニュー。
モンゴウイカの歯ごたえと
ピリリと辛みのきいた衣の組合せが食欲をそそる。
スパイシーな風味は、フランス・アルザスの
ピノ・ブラン種のワインとも好相性だ。

（つくり方→ P.226）

本日の魚の蒸し物

❖❖❖

旬の魚を蒸して皿に盛り、長ネギのせん切りをのせて、
煙が出るほどの熱い油をまわしかける。
写真はアカハタ。やわらかく脂ののった身質が
ショウガ風味のタレとよく合う。

(つくり方→ P.227)

ハムユイ入りチャーハン
●●●
ハムユイは、塩漬けの白身魚を
発酵させてから天日乾燥した干し魚。
うまみと塩けが強いので、チャーハンや
野菜の煮込み料理などによく使われる。
タイ米のご飯、レタスを炒め合わせて、
香りと歯ごたえを出している。

（つくり方→P.227）

炭火釜焼きチャーシュー
●●●
肉に下味をしっかりとしみ込ませてから、
炭火を使って短時間で焼き上げる。
オーブンで焼くこともできるが、
炭火で焼くことにより、
しっとりとした食感をより長くキープできる。

（つくり方→P.228）

炭火釜焼きアヒル

家鴨1羽を、外側はパリッ、
中はしっとりと焼き上げた人気メニュー。
皮だけでなく身の内側にも
スパイスや調味料をぬってしっかりと味をつけ、
ワインのすすむ一品に仕上げた。
鴨や家鴨によく合う甘ずっぱい梅のソースを
別に添えてすすめることも。

（つくり方→P.229）

レンゲ

タパス盛り合わせ（2人分）

（右奥から時計回りに、四川風 よだれ鶏、
カキのフリット 塩玉子のタルタルで、
上海蟹のコンソメの茶碗蒸し 椎茸の餡で、
大人のポテトサラダ タスマニアの生マスタードで。
中央は、自家製XO醤）

◆◆◆

18種のタパスからお客の好みのものを
3～5種盛り合わせる人気メニュー。
フリットや茶碗蒸しなどは旬の素材を使って、
季節感を出している。

（つくり方→P.230～232）

201

京鴨の春巻
◆◆◆
合鴨肉と長ネギを具材に使い、ユズコショウで風味をつけた
さっぱりとした味わいの春巻。具を包んだ状態で冷凍保存もできる。
具材に水分がほとんど入っていないので、解凍せずに揚げてもカリッと揚がる。

(つくり方→ P.232)

キタアカリの雪菜炒め
◆◆◆
とろりとしたテクスチャーと
歯ごたえのある食感の対比が特徴的な炒めもの。
ジャガイモのでんぷん質をあまり洗い流さず、
火を通しすぎないように炒めるのがポイント。

(つくり方→ P.233)

上海蟹みその"黄金"麻婆豆腐

◆◆◆

本場中国・四川の麻婆豆腐とは異なる、
豆腐を卵でとじたオリジナルスタイル。
お客の目をひくように、カニミソを金に見立てて
「黄金」と名前をつけた。季節によって使用素材を変え、
カニミソ終了後はトラフグの白子でつくり、名前も「白金」に変わる。

(つくり方→P.233)

黒毛和牛 A4 サーロインの焼きしゃぶ

◆◆◆

サシの入った和牛は、ハモの骨でとったタレをかけて、
少し濃いめの味つけに。肉の下にご飯をしのばせて、
食べごたえのある一品に仕上げた。
脂が多めの肉は味が入りにくいので、下味の塩はしっかりとふる。
山椒をふって提供する。

(つくり方→P.234)

ラーメン 本日のスープで

◆◆◆
写真は魚のスープ。魚のアラを冷凍保存し、
ある程度の分量になったところでだしをとる。
スープに仕立てる際には、カツオ節を加えると生ぐさみが消える。

(つくり方→ P.234)

キンカンと冬野菜のピクルス

•••

ピクルスにキンカンを加えて
ビネガーのツンとした酸味をやわらげ、
酸味が苦手な人にも食べやすい味わいに。
香りも食欲をそそる。

（つくり方→ P.235）

大葉風味の揚げニョッキ

•••

揚げたニョッキは、やわらかいポテトフライのような食感。
バジルの代わりに大葉を使うことで、
よりさわやかな香りがきわ立ち、白ワインに合う味わいになる。

（つくり方→ P.235）

ラクテール茸　ゆり根　芹のお浸し

♦♦♦

辛口のだし汁を素材にしっかりとしみ込ませ、
それぞれのもち味が生きるように仕上げる。
南仏のキノコ、ラクテール茸とユリ根はだし汁で煮ておき、
セリはひと晩だし汁に浸しておくのがポイントだ。

(つくり方→ P.235)

カキのしんじょう揚げ

♦♦♦

牡蠣はオーブンでじっくりと火を入れて水分を抜き、
うまみを凝縮してからすり身にする。
濃厚な牡蠣のうまみと余韻が長く続く。

(つくり方→P.235)

白身魚の昆布〆
クレソンと岩海苔のマリネ

クレソンのほのかな苦みと岩海苔の香り、
レモンの酸味がほどよく調和する
サラダ仕立ての刺身。
さっぱりとした味わいで、
ワインと合わせやすい。
(つくり方→P.236)

馬カツ

◆◆◆

熊本でごちそうとして食べられている馬肉のカツレツ。
良質な馬のフィレ肉を厚めに切って揚げ、
ヴィンコットと赤ワインのソースを添えて提供する。

(つくり方→ P.236)

ジュ・ド・ベベのトマトソース キタッラ
◆◆◆
皮が薄く身のやわらかいトマト、ジュ・ド・ベベをソースに仕立て、
自家製生パスタにからめた人気のひと皿。
トマトの甘みと酸味を生かした濃厚な味わいが特徴だ。

(つくり方→ P.236)

スッポンのラヴィオリ スープ仕立て

イタリアのエミリア・ロマーニャ州の郷土料理
「トルテッリーニ・イン・ブロード」を、
和風仕立てに。スッポンの肉とスープが
コクのある味わいをつくり出す。
（つくり方→ P.237）

鴨と聖護院大根の煮物
蕎麦の実の餡かけ
◆◆◆
鴨肉に衣をつけて煮る石川・金沢の
郷土料理、治部煮をアレンジ。
だし汁にソバの実を加えて、
香りと味わいに奥行を出している。

（つくり方→ P.237）

旬のフルーツの
ブリア・サヴァランの白和え
◆◆◆
脂肪分が多くクリーミーなチーズ、ブリア・サヴァランを
フルーツと合わせてデザートにする。
写真はイチゴ。フルーツは季節によって変える。

（つくり方→ P.237）

ワイン食堂のデザートメニュー

食事の最後の楽しみとして、お客が大きな期待を寄せるデザート。
各店工夫を凝らし、魅力的なメニューをそろえています。

クレームカラメル

ラ・ピヨッシュ

バニラの香りが高く、クリーミーな味わいのカスタードプリンは、バットで仕込んで、提供時に切り分けてカラメルソースをかける。使用ずみのバニラビーンズのさやは、乾燥させて、グラニュー糖と混ぜ合わせてバニラシュガーに。

山形県産紅玉を使った焼きりんご 自家製バニラアイス添え

サンシビリテ

山形産の紅玉を、三温糖とバターでシンプルに焼きリンゴにし、自家製のバニラアイスとキャラメルソース、シナモンを合わせてデザート仕立てに。紅玉らしいキリッとした酸味にバターのコクとキャラメルの苦み、シナモンの風味が重なり、豊かな味わいのハーモニーを奏でる。

ヌガーグラッセ

IJ

南仏の銘菓「ヌガー」のイメージで、ドライフルーツやアーモンドを加えたアイスクリーム。シロップを加えて泡立てたイタリアンメレンゲと生クリームが、なめらかな口あたりをもたらす。香りづけにキルシュを使うことが多いが、IJではラム酒を加えて大人向けの味わいに仕立てている。

チョコレートネメシス
アタ

イギリスのチョコレートケーキ。チョコレート、バター、水を加熱して溶かし、砂糖を加えて泡立てた卵を合わせ、低温で湯煎焼きする。小麦粉やアーモンドパウダーなどの粉類を使わず、卵で固めているため、味わいはかなり濃厚だが、しっとりとした食感で、口溶けもよい。

ガトーショコラ
ビコック

ビターチョコレート、バター、グラニュー糖、卵を同割で合わせるシンプルなレシピで、チョコレートの香りとまろやかな味わいを引き出した。アルマニャックやブランデーなどの蒸留酒と合わせることをすすめている。塩、コショウをふると赤ワインともよく合う。

ブドウいろいろ
ビコック

ビコックでは甘いものが苦手なお客のために、季節のフルーツを用意している。写真は、甘すぎず上品な味わいの5種のブドウの盛合せ。無農薬有機栽培を行っている山梨の生産者のブドウで、近隣の青果店「瑞花」から仕入れる。

ワイン食堂のデザートメニュー

チョコレート風味のクレームブリュレ
レトノ

レトノのクレーム・ブリュレは、ビターチョコレート入りの濃厚な味わい。表面は、キャラメリゼにするのではなく、カカオパウダーをふり、アーモンドのプラリネをトッピングして、カリッとした食感をプラス。チョコレート風味のアイスクリームを添えて提供。食後酒にもぴったりだ。

蔵王クリームチーズケーキ
夜木

マイルドでさっぱり、クセのない味わいの「蔵王クリームチーズ」を使用。シンプルなレシピで、クリームチーズそのもののおいしさを生かしたデザートに仕立てた。甘ずっぱいラズベリーソースと、ブルーベリーやラズベリー、ミントを添え、味わいにアクセントをつけている。

ハッチのアップルパイ
ビストロ ハッチ

ワイン食堂のデザートらしく、シンプルで誰にも愛される味をめざしたというアップルパイ。熱々、サクサクのパイと濃厚なバニラアイスクリームの組合せは、しっかりとした甘さがありながらもアイスの冷たさで後味はさっぱり。最後に何か甘いものを……という欲求をしっかり満たす。

ヌガーグラッセ
ブレッド＆タパス 沢村

山のように豪快に盛られた、素朴なビジュアルがインパクト満点。高脂肪分の生クリームを使った濃厚な氷菓にジューシーなラムレーズンとオレンジピール、皮つきアーモンドのプラリネがたっぷり入ったリッチな味わい。やさしい酸味のカシスソースが香りと深みを与える。

手づくりティラミス
エビイロ

マルサラ酒とコーヒーの風味をきかせたティラミスは、人気のデザートメニュー。かなりのボリュームでインパクトがあるが、ぺろりと食べられる。ふんわりと泡立てた卵黄に、マスカルポーネチーズと、しっかりと泡立てた生クリームを合わせて、軽やかな食感に仕上げている。

特製マンゴープリン
レンゲ

下は、マンゴーピュレにヨーグルトと生クリームを加えてゆるめに固めたプリン。上は、生クリームとココナッツミルクを合わせ、エスプーマスパークリングで泡立てたムース。甘ずっぱいマンゴープリンと、甘くてふわふわとした食感のムースの組合せは、スプーンが止まらない相性のよさ。

オリーブオイルのアイスクリーム
Mitsu-Getsu

フランス・プロヴァンス産のE.V.オリーブオイルがもつ、繊細で上品な味わいを生かしたアイスクリーム。卵黄、グラニュー糖、牛乳、E.V.オリーブオイルを合わせて加熱し、粗熱をとってから、水アメとE.V.オリーブオイル、8分立ての生クリームを合わせてアイスクリームマシンにかける。

ワイン食堂の ワイングラス

どのようなワインをそろえているかと同時に
どのようなグラスで提供しているかを見れば
各店のワインに対するスタンスがわかります。

「ワインの味わい」という観点から見ると、グラスの品ぞろえには2つの方向性がある。

ひとつは、ワインそのものに強い個性があるので、1種類のグラスで充分に対応できるという考え方だ。たとえば「楽記」では1種類しか用意していない。シャンパンも、「スパークリング用として一般的に使用されているフルートグラスでは、香りや味わいの特徴が出にくい」（オーナー・勝山晋作さん）と、ワイン用のグラスで提供している。

もうひとつは、ワインの個性に合わせてグラスをそろえるという考え方だ。ミニマムで3種類をそろえる店が多い。ボウル部分が丸いブルゴーニュグラス、ボウル部分が縦長のボルドーグラス、そしてフルートグラスである。ワインの味わいをお客に伝えるという点では、ISOグラス（テイスティンググラス）も有効だ。「パーラー」の店長の小林輝政さんは、お客がグラスワインを選びやすいよう、少量をISOグラスに注いで試飲用に出している。

それぞれの形状がもたらす味について、「Mitsu-Getsu」のソムリエール・小野優子さんは「たとえば、ブルゴーニュグラスは香りを集めて甘みを増し、ボルドーグラスは苦みや渋みをやわらげる」と言う。さらに、「グラスの形状でワインの味の足りないところをカバーできることもある」と、同店では5種類のグラスを活用している。

「ラ・ピヨッシュ」のオーナーでソムリエの林 真也さんは、ワインの味わいのイメージに合わせてグラスを使い分ける。「たとえば、味わいのイメージが縦に長いワインは縦長のグラス、丸い味わいには丸いグラスで提供しています」（林さん）。また、お客の嗜好や提供の順番によってグラスを変えることもあるという。酸味が苦手なお客が酸味の豊かなワインを選んだ場合、酸味を穏やかに感じさせるグラスで提供するといった具合だ。

いずれにせよ、グラス選びは、「どんな味のワインを出すか」を見据えるところからはじまる。加えて、割れにくさや洗浄機対応の可否などの実用性や、コストなども考慮して選ぶことが重要だろう。

レトノ（P.10）

通常は左奥の1種。グラッパ用のグラスと香りのとりやすいISOグラスを食後酒用に使う。他に、シャンパングラスも用意。

ラ・ピヨッシュ（P.12）

ワインの味わいや香りのイメージ（形）に合わせてグラスを選ぶ。接客スタッフは1人なので、すべて洗浄機で洗えるもの。

ビストロ ハッチ（P.14）

左から、食後酒用、テーブルワイン用、シャンパン・カクテル用、ブルゴーニュグラス、ボルドーグラス。右2つは香りを楽しみたいときに。

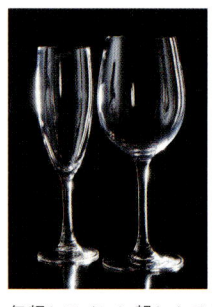

I J（P.16）

気軽にワインに親しんでもらいたいので、グラスは2種のみ。左が泡用のフルートグラス、右がワイン用。

アタ
（P.68）

左側の2つは香りとエッジがよく立つ形状、真ん中の2つは中庸、右の2つは味わいがまろやかになる形状と、種類豊富にそろえる。

ワインショップ&ダイナー フジマル 浅草橋店
（P.122）

ワインそのものの個性を味わえるようにひと通りのグラスを用意。デザートの代わりに食後酒をすすめるため、グラッパ用のグラスも。

パーラー
（P.178）

軽くて持ちやすく、かつ必要十分な大きさを備えている白ワイン用グラスの他、大きめの赤ワイン用グラスなどをそろえる。

ビコック
（P.70）

基本は手前中央のグラスを使う。抜栓して固いと感じたワインは右奥を使用。左奥はおもにピノ・ノワールに。右手前は泡用。

夜木
（P.124）

グラスは8種。グラスワインの注文率が高いため赤・白用のグラスは多めにストック。スパークリングワインはフルートグラスで。

楽記
（P.180）

グラスは1種。フルートグラスだと香りがきちんと出ないという考えから、シャンパンなどもワイングラスで提供する。

喃喃 麻布十番商店街ストア
（P.72）

カジュアルに楽しく飲んでほしいという考えから、グラスは泡が見えるフルートグラスと香りが立ちやすい形状の2種のみ。

ブレッド&タパス 沢村
（P126）

通常のレギュラーグラス（中央2つ）の他、香りのあるものは右のグラス、冷やして飲むときは左の小さめのグラスで提供。

レンゲ
（P.182）

基本的な4種。左から繊細な香りを立てるブルゴーニュグラス、味をやわらげるボルドーグラス、白ワイン用、フルートグラス。

サンシビリテ
（P.74）

グラスは5種。左はグラスワイン用、その隣の2つは赤・白兼用。香り豊かな赤や酸の強い白はいちばん右のグラスを使う。

エビイロ
（P.128）

「自然派ワインが気軽に飲める」というコンセプトに沿って、提供スタイルもカジュアルに。グラスは1種、カラフは500㎖。

Mitsu-Getsu
（P.184）

熟成したワインを扱うため、酸化しやすい古酒などは右手前のグラスに。力強いワインは空気にふれさせるように左奥のグラスに。

チャーシュー

(写真→ P.186)

■材料　1皿分

マリネ液
- ニンニク　1片
- ショウガ(すりおろす)　小さじ1
- セロリ　10g
- タマネギ　10g
- 砂糖　50g
- 薄口醤油　10㎖
- 桂侯醬(中国・広東産の香味味噌)　20g
- 海鮮醬(中国・広東産の甘味噌)　10g
- ゴマ油　小さじ1
- オイスターソース　5g

豚肩ロース肉　200g

シロップ
- 水　30㎖
- 水アメ　100g

コリアンダー　適量

1　マリネ液をつくる。ニンニク、ショウガ、セロリ、タマネギをミキサーでペースト状にしてから、その他の調味料をすべて加えてよく混ぜる。
2　豚肩ロース肉を**1**に約3時間漬け込む。
3　**2**の水分をふきとり、260℃に熱したオーブンに入れて焼く。上面と裏面を5分間ずつ焼いて焦げ目をつける。
4　オーブンの温度を150℃に下げて20分間焼く。
5　水と水アメを合わせて加熱してシロップをつくり、**4**の表面全体にぬる。
6　オーブンの余熱で**5**を5分間焼く。
7　オーダーが入ったら、**6**を薄切りにし、コリアンダーを添えて提供する。

ワダ　南インド風豆のコロッケ

(写真→ P.186)

■材料　1皿分

- ウラドマメ(皮なし)　200g
- タマネギ　50g
- 赤唐辛子(フレッシュ)　2本
- カレーリーフ(フレッシュ)　3枚
- レモングラス(フレッシュ)　1本
- 塩　適量
- 白絞油　適量
- チャットニー※　適量

※チャットニーは、ミントカップ½、グリーンチリ1本、タマネギ10g、ココナッツクリーム10㎖、タマリンド大さじ1、水カップ¼をフードプロセッサーで混ぜ合わせたソース。

1　ウラドマメを数回洗って水に浸し、ひと晩おく。
2　タマネギは、粗みじんに切る。赤唐辛子、カレーリーフ、レモングラスは、みじん切りにする。
3　**1**のウラドマメの水けをきり、フードプロセッサーでペースト状にする。
4　**2**、**3**をボウルに入れて混ぜ、塩で味をととのえる。
5　**4**を円盤状に成形し、白絞油で揚げる。ひと口サイズにカットして皿に盛る。チャットニーを添える。

サンバルカンコン

(写真→ P.187)

■材料　1皿分

空芯菜　150g

サンバルソース
- 赤唐辛子(フレッシュ)　1本
- ガピ(小エビの発酵調味料)　小さじ½
- オイスターソース　小さじ1
- 薄口醤油　小さじ1
- 砂糖　小さじ1
- 干しエビ(小)　10尾

サラダオイル　適量
干しエビ　大さじ1
ニンニク(みじん切り)　1個
赤ピーマン(細切り)　適量

1　空芯菜を長さ約8cmに切り、洗って水けをきる。
2　サンバルソースの材料をミキサーに入れ、ペースト状にする。
3　中華鍋にサラダオイルを入れて熱し、**2**のサンバルソース、干しエビを加え、香りが出るまで炒める。
4　ニンニクを加えて火を通し、**1**の空芯菜を加える。
5　火が通ったら皿に盛り、赤ピーマンをちらす。

茄子とオクラのベラド スパイシートマトソース和え

(写真→ P.188)

■材料　1皿分

サラダオイル　適量
バイマックルー（コブミカンの葉）　2枚
ガピ（小エビの発酵調味料）　大さじ1
タマネギ（みじん切り）　50g
ニンニク（みじん切り）　大さじ1
赤唐辛子（フレッシュ。みじん切り）　3本
カイエンペッパー　大さじ1
トマト　2個
ナンプラー　適量
白絞油　適量
ナス　½本
オクラ　2本
ミントの葉　適量

1　鍋にサラダオイルをひき、バイマックルー、ガピ、タマネギ、ニンニクを入れて炒める。
2　**1**に赤唐辛子、カイエンペッパー、角切りにしたトマトを加えて約5分間煮る。
3　ナンプラーで味をととのえる。
4　白絞油を熱し、ナスとオクラをひと口大に切って素揚げする。
5　**4**を**2**と和えて皿に盛る。ミントの葉をあしらい、提供する。

ゴーヒャン

(写真→ P.189)

■材料　5～6皿分

豚挽肉　250g
Ⓐ ┌ 五香粉　小さじ1
　 │ 薄口醤油（中国産「生抽王」）　小さじ2
　 │ 白コショウ　小さじ1
　 └ 片栗粉　大さじ1
タマネギ（みじん切り）　100g
エビ　150g
板湯葉（中国産）　適量
白絞油　適量
コリアンダー　適量
スイートチリソース　適量

1　ボウルに豚挽肉を入れてよくこね、Ⓐを加えてよく混ぜる。
2　タマネギと、殻と背ワタをとり除いてぶつ切りにしたエビを加えて混ぜる。
3　湯葉で**2**を春巻のように巻く。
4　**3**を蒸し器で10分間蒸し、170℃の白絞油で表面がキツネ色になるまで揚げる。
5　食べやすい大きさに切り、コリアンダーとスイートチリソースを添えて提供する。

大根オムレツ

(写真→ P.189)

■材料　1皿分

ラード　適量
ニンニク（みじん切り）　適量
チャイポー（中国産の干しダイコン。みじん切り）　大さじ1
全卵　3個
ナンプラー　少量
白コショウ　適量
サラダオイル　適量
フライドオニオン　適量
コリアンダー　適量

1　中華鍋にラードを入れ、ニンニク、チャイポーを炒める。
2　ボウルに全卵を入れて溶き、ナンプラー、白コショウと**1**を加えてよく混ぜる。
3　中華鍋にサラダオイルを入れて煙が出るまで熱し、**2**を2回に分けて流し入れる。片面がカリカリに焼けたら裏返して反対側も同様に焼く。
4　皿に盛り、フライドオニオンをちらし、コリアンダーを添える。

トリッパ

(写真→ P.190)

■ 材料　1皿分

ハチノス(下処理ずみのもの)　150g
香味野菜(ネギ、ショウガ、タマネギ、ニンジンなど)　適量
サラダオイル　適量
タマネギ　20g
ニンニク(みじん切り)　大さじ1
干しエビ(みじん切り)　小さじ1
バイマックルー(コブミカンの葉)　1枚
タオチオ(ダイズを原料とするタイ産の調味料)　大さじ1
チキンスープ※　80㎖
モヤシ　20g
薄口醤油　少量
赤ピーマン(細切り)　適量
バイマックルー(仕上げ用。細切り)　適量

※チキンスープのつくり方
　■材料　つくりやすい分量
　鶏挽肉※　200g
　タマネギ(薄切り)　50g
　ニンニク(薄切り)　1片
　ショウガ(薄切り)　10g
　コリアンダーの茎　適量
　水　1ℓ
　蒸留酢　小さじ1
　塩、白コショウ　各適量

　※鶏挽肉は、コクを出したい場合はモモ肉、あっさりとした味に仕上げたい場合はムネ肉を使う。

　塩、白コショウ以外の材料をすべて鍋に入れ(コリアンダーの茎は、なければ入れなくてもよい)、弱火にかける。沸騰したら火を止め、そのまま30分間おく。浮いている食材をとり出して、漉す。塩、白コショウで味をととのえる。

1　ハチノスは一度茹でこぼし、香味野菜と一緒に2～3時間茹でてひと口大に切る。
2　中華鍋にサラダオイルを入れて熱し、薄切りにしたタマネギ、ニンニク、干しエビ、バイマックルーを加えて香りが出るまで炒める。
3　タオチオ、チキンスープを加え、**1**のハチノス、根をとったモヤシを加えて炒め、薄口醤油で味をととのえる。
4　皿に盛り、赤ピーマンとバイマックルーをちらして提供する。

ミミガー

(写真→ P.190)

■ 材料　1皿分

豚耳の醤油煮込み　つくりやすい分量
豚耳(下処理ずみのもの)　1kg
香味野菜(ネギ、ショウガ、タマネギ、ニンジンなど)　適量
煮込み用のタレ
┌ 水　300㎖
│ スパイス類(八角3g、草果3g、ローリエ3g、甘草2g、丁果2g)
│ 老酒　90㎖
│ 薄口醤油　100㎖
│ 濃口醤油　10㎖
│ たまり醤油(中国産「老抽王」)　30㎖
│ ショウガ(すりおろす)　小さじ1
│ コリアンダー(みじん切り)　大さじ1
└ タマネギ(みじん切り)　大さじ1

ミミガー(豚耳のサラダ)　1皿分
豚耳の醤油煮込み　150g
キュウリ　½本
赤ピーマン　¼個
ホムデン(赤ワケギ)　2個
コリアンダー　適量
ドレッシング　適量
┌ ナンプラー　50㎖
│ 蒸留酢　50㎖
│ ニンニク(みじん切り)　少量
│ 赤唐辛子(フレッシュ。みじん切り)　少量
│ ゴマ油　10㎖
└ 砂糖　20g
ローストピーナッツ　適量

〈豚耳の醤油煮込みをつくる〉

1　豚耳はたっぷりの水で2回茹でこぼし、香味野菜とともに約3時間茹でる。
2　煮込み用のタレをつくる。水にスパイス類を入れて沸かし、残りの材料を加えて30分間弱火で煮る。
3　**2**に**1**の豚耳を入れ、約30分間煮込む。
4　豚耳をとり出し、食べやすい大きさに切る。

〈ミミガー(豚耳のサラダ)をつくる〉

5　**4**の豚耳、細切りのキュウリと赤ピーマン、薄切りのホムデン、ざく切りにしたコリアンダーをボウルに入れる。
6　ドレッシングの材料を別のボウルに入れて混ぜる。
7　**6**で**5**を和えて皿に盛り、砕いたローストピーナッツをかける。

マサラチキン

(写真→ P.191)

■材料　1皿分

サラダオイル　適量
クミンシード　小さじ1
クローブ　2粒
タマネギ　20g
ニンニク（みじん切り）　大さじ1
カレーリーフ（フレッシュ）　5枚
フェンネルシード　小さじ½
調味料
　┌オイスターソース　大さじ2
　│チリパウダー　小さじ½
　│コリアンダー（パウダー）　小さじ1
　│ターメリック（パウダー）　少量
　│チキンスープ※　80㎖
　└砂糖　適量
鶏モモ肉　200g
片栗粉　適量
白絞油　適量
カシューナッツ（揚げる）　適量
赤ピーマン（細切り）　適量

※チキンスープのつくり方は、「トリッパ」（P.222）を参照。

1　中華鍋にサラダオイルをひき、クミンシードとクローブを入れ、はじけるまで弱火で炒める。油にスパイスの香りが移ったら、スパイスをとり出す。
2　**1**にひと口大に切ったタマネギ、ニンニク、カレーリーフ、フェンネルシードを入れて炒める。
3　調味料を加えて炒め合わせる。
4　ひと口大に切った鶏モモ肉に片栗粉をまぶし、180℃に熱した白絞油で揚げる。
5　**4**を**3**に加えて和える。
6　皿に盛り、カシューナッツと赤ピーマンをちらす。

ソフトシェルクラブ

(写真→ P.192)

■材料　1皿分

ソフトシェルクラブ（下処理ずみのもの）　3尾
片栗粉　適量
白絞油　適量
ニンニク　1片
ショウガ（すりおろす）　小さじ1
調味料
　┌薄口醤油　小さじ1
　│濃口醤油　小さじ1
　│オイスターソース　小さじ2
　└黒コショウ　小さじ1
バター　小さじ1
カレーリーフ（フレッシュ）　適量
黒コショウ　適量

1　ソフトシェルクラブに片栗粉をまぶし、180℃に熱した白絞油で表面がカリッとなるまで揚げる。
2　中華鍋に白絞油を入れて熱し、ニンニク、ショウガを香りが出るまで炒め、調味料を加えて炒め合わせてから火を止める。最後にバターとカレーリーフを加える。
3　**1**を**2**に加え、よく和えて皿に盛る。黒コショウを挽きかけて提供する。

光鶏の特製醤油漬け

(写真→ P.193)

■材料　2〜4皿分（1皿1羽もしくは½羽）

水　20ℓ
クチナシ　10粒
長ネギ（青い部分）　5本分
ショウガ（皮つき）　50g
コリアンダーの茎　4束分
丸鶏　2羽（1羽約1.5kg）
漬けダレ　適量（下記はつくりやすい分量）
├ 水　12ℓ
├ 塩　1.5kg
├ 氷砂糖　1.2kg
├ 干しエビ　1.2kg
├ 金華ハム（ぶつ切り）　100g
├ 干し貝柱　100g
├ 干し椎茸　5枚
├ 陳皮　5枚
├ フェンネルシード　50g
├ ローリエ（ドライ）　10枚
├ カー（タイショウガ）　20g
├ 丁子（クローブ）　5g
├ 八角　10個
├ 草果（ブラックカルダモン）　5個
└ シナモン（スティック）　10cm
ネギダレ
├ 長ネギ（白い部分）　1本分
├ ショウガの搾り汁　50g
├ 塩　少量
└ ピーナッツオイル　適量
茹でピーナッツ※　適量
コリアンダー　適量

※茹でピーナッツのつくり方
■材料　つくりやすい分量
皮つき生ピーナッツ（殻なし）　1kg
塩　適量
Ⓐ
├ 水　3ℓ
├ 塩（イギリス産「マルドンの塩」）　20g
├ 八角　3個
├ シナモン（スティック）　5cm
├ カー（タイショウガ）　20g
├ バイマックルー（コブミカンの葉）　10枚
├ レモングラス　1本
├ 粒山椒　10g
└ 丁子（クローブ）　5g
グラニュー糖　700g
ココナッツシュガー　200g
レモン　2個
タマリンドペースト　20g

1　ピーナッツをひと晩水に浸す。
2　鍋に**1**とひたひたの水（材料外）を入れ、塩を加えて沸かし、アクをとりながら5分間茹でて、茹でこぼす。
3　湯を沸かして**2**を加え、再度茹でこぼす。
4　さらにもう一度、茹でこぼす。途中で浮いてくるアクはすくいとる。
5　別の鍋に湯をはり、**4**のピーナッツを加えて100℃のスチームコンベクションオーブンで20分間加熱する（鍋に蓋はしない）。
6　Ⓐの材料を鍋に入れて沸かし、**5**のピーナッツを加えて、10分間弱火で煮る。
7　グラニュー糖とココナッツシュガー、半分に切ったレモン、タマリンドペーストを加えて溶かし、ラップフィルムをかけてひと晩おく。
8　翌日、**7**の鍋を沸かし、ラップフィルムをかけて粗熱をとる。
9　冷めたら冷蔵庫に入れ、提供時に温めて使う。

1　鍋に水を入れ、縦半分に切ったクチナシ、長ネギ、ショウガ、コリアンダーの茎を加えて沸かす。
2　**1**に掃除した丸鶏を入れ、5分間中火で加熱する。火を止め、蓋をして1時間余熱で火を通す。
3　漬けダレの材料を鍋に入れて沸騰させ、その後スチームコンベクションオーブンに入れて、100℃で6時間加熱する。ひと晩そのままおいて冷まし、翌日漉す。
4　**3**のタレに**2**の丸鶏を1時間漬け込む。このときに使った漬けダレは、鶏の脂がほどよく溶け込んでいるので再利用できる。再利用する際は、沸かしてアクをとって漉してから、新たにつくったタレを継ぎ足して使う。
5　ネギダレをつくる。みじん切りにした長ネギ、ショウガの搾り汁、塩を器に入れて合わせ、熱したピーナッツオイルをかける。
6　丸鶏を切り分けて皿に盛り、茹でピーナッツ、コリアンダーをあしらう。別の器にネギダレを添えて提供する。

皮付き豚バラ肉のクリスピー焼き

(写真→ P.194)

■材料

皮つき豚バラ肉　3.5kg
水　2ℓ
重曹　100g
かんすい　10g
合わせ塩　80g（下記はつくりやすい分量）
 ┌ 塩（フランス産海塩）　300g
 │ グラニュー糖　150g
 │ ジンジャーパウダー　20g
 │ 五香粉　20g
 └ オニオンパウダー　20g
甜麺醤※1　30g
塩　適量
水アメ※2　適量
ブレンドオイル※3　適量
ピクルス※4　適量

※1　甜麺醤のつくり方
 ■材料　つくりやすい分量
 合わせ調味料
  ┌ 練りゴマ　750g
  │ 八丁味噌　1.2kg
  │ 水　3ℓ
  │ 腐乳（紅南乳）　1kg
  └ 海鮮醤（中国・広東産の甘味噌）　1.65kg
 白絞油　1.7kg
 エシャロット（薄切り）　600g
 ニンニク（薄切り）　300g
 陳皮　18g

1　合わせ調味料の材料を混ぜる。
2　鍋に白絞油、エシャロット、ニンニクを入れて弱火にかけ、少しずつ油の温度を上げる。
3　エシャロットとニンニクが色づきはじめたら陳皮を加え、香りが出るまで加熱し、火を止める。
4　1と3を鍋に入れ、弱火で1時間、混ぜながら加熱する。

※2　水アメは、ハマナス酒 500g、赤酢 35g、重曹 10g、水アメ 5g を合わせて沸かし、アルコールを飛ばしてつくる。

※3　ブレンドオイルは、ピーナッツオイルとゴマ油を同割で合わせたもの。

※4　ピクルスのつくり方
 ■材料　つくりやすい分量
 ピクルス液
  グラニュー糖　1kg
  醸造酢　1kg
  ┌ 水　1ℓ
  └ 塩　10g
 野菜（キュウリ、タマネギ、カブなど）　各適量

1　ピクルス液の材料を鍋に入れて沸かす。
2　1を火からおろし、食べやすく切った野菜を入れ、24時間浸ける。このピクルスはおもに料理の付合せに使う。ピクルス液に、ユズ、レモン、オレンジ、スイートチリソース、干し梅、ラー油、オリーブオイル、グレープシードオイルなどを好みで加えてもよい。

1　皮つき豚バラ肉は、余分な脂をとり、身の側に2cm幅に切り目を入れる。

2　肉が平らに入る大型のバットの底に網を敷き、水、重曹、かんすいを入れて火にかける。1の豚バラ肉を、皮を下にして置き、弱火で約1時間火を通す。このとき、皮の部分のみが水に浸るように、肉の下に敷く網の高さを調節する。

3　2の肉をとり出し、水で洗ってから金串にかけ、20分間室温において水分を飛ばす。

4　合わせ塩の材料を混ぜ、肉の切り目の内側にぬり（肉全体に塩をまぶすと塩辛くなりすぎる）、室温に1時間おく。途中、水分が出てきたら布巾でふきとる。

5　4の肉の切り目の内側に甜麺醤をぬり、20分間おく。

6　肉を裏返して、皮に塩をまんべんなくまぶし、20分間おく。アクが出てくるので、ナイフで削りとる。水で洗ってキッチンペーパーでふく。

7　皮に刷毛で水アメをぬってから金串につるして1～2日間干す。

8　7を釜に入れ、皮が焦げない程度の高温の炭火で10分間焼く。肉の向きを変えて10分間焼き、皮にブレンドオイルをぬってさらに30分間焼く。食べやすい厚さに切り、ピクルスを添えて提供する。

湯引きレタス　紅焼ソース

（写真→ P.194）

■材料　1皿分

レタス　200g
タレ
┌ 薄口醤油（中国産「生抽王」）　20g
│ たまり醤油（中国産「老抽王」）　5g
└ ピーナッツオイル　5g

1　ショウガ汁適量を加えた湯（材料外）でレタスを茹で、水けをきって皿に盛る。
2　薄口醤油、たまり醤油、ピーナッツオイルを合わせたタレを**1**にかけて提供する。

茹で才巻海老　特製醤油ソース

（写真→ P.195）

■材料　1皿分

サイマキエビ　6尾
タレ
┌ 醤油ダレ※　20g
│ 濃口醤油　10g
└ たまり醤油（中国産「老抽王」）　5g
長ネギ（白い部分）　適量
タカノツメ　1本
コリアンダー　適量
山椒油　適量

※醤油ダレのつくり方は、「本日の魚の蒸し物」（P.227）を参照。

1　エビは背ワタをとり、ヒゲと頭のとがった部分、尻尾の先を切る。
2　海水程度の塩分濃度（約3％）にした塩水（材料外）で茹でて皿に盛る。
3　タレをつくる。材料を混ぜて器に入れ、せん切りにした長ネギ、種をとって刻んだタカノツメ、コリアンダーを加え、山椒油をかける。

モンゴウイカの揚げ物

（写真→ P.196）

■材料　1皿分

モンゴウイカ（身の部分のみ使用）　200g
衣
┌ 片栗粉　5g
│ 小麦粉　5g
│ ニンニク（みじん切り）　1g
│ 塩　0.2g
│ 溶き卵　10g
└ 一味唐辛子　0.3g
白絞油　適量
味塩※　適量
レタス　適量
ニンジン　適量
コリアンダー　適量
タカノツメ　適量

※味塩は、岩塩 37.5g、五香粉 2g、一味唐辛子1g を合わせたもの。

1　イカは食べやすい大きさに切り、表面を松笠切りにする。
2　衣の材料を混ぜ合わせる。
3　**1**のイカに**2**の衣をつけて、180℃の白絞油で揚げる。味塩をふる。
4　せん切りにしたレタスとニンジンの上に**3**をのせ、コリアンダーと刻んだタカノツメを飾って提供する。

本日の魚の蒸し物

(写真→ P.197)

■材料　1皿分

醤油ダレ　250g（下記はつくりやすい分量）
- 鶏スープ※　1.2kg
- 水　1.4ℓ
- シーズニングソース（タイ産「ソープカオ」）　75g
- ナンプラー　75g
- 薄口醤油　150g
- 濃口醤油　150g
- 上白糖　38g

アカハタ　1尾（600g）
長ネギ（白い部分。せん切り）　100g
ショウガ（せん切り）　10g
ピーナッツオイル　50g
コリアンダー　15g

※鶏スープのつくり方
　■材料　つくりやすい分量
　鶏ガラ　1kg
　豚赤身肉　1kg
　モミジ　1kg
　水　10ℓ
　長ネギ（青い部分）　300g
　ショウガ（皮つき。薄切り）　100g

　1　鶏ガラを茹でこぼして流水で洗い、内臓やアクをとり除く。
　2　10cm角に切った豚赤身肉、モミジ、1を鍋に入れ、水を注いで火にかける。
　3　沸いたら火を弱めてアクをとり除く。
　4　長ネギ、ショウガを3に加え、弱〜中火で約5時間静かに煮る。
　5　キッチンペーパーを敷いたザルで漉し、粗熱をとる。

1　醤油ダレをつくる。材料をすべて鍋に入れて沸騰させる。
2　アカハタは内臓をとってウロコをひく。110℃のスチームコンベクションオーブンで12〜15分間加熱する。セイロで蒸してもよい。
3　2を皿に盛り、長ネギ、ショウガをのせる。
4　ピーナッツオイルを煙が出るまで加熱する。
5　4を3にかけ、1の醤油ダレをアカハタの周囲に流す。コリアンダーを添えて提供する。

ハムユイ入りチャーハン

(写真→ P.198)

■材料　1皿分

鶏モモ肉　40g
白絞油　適量
ピーナッツオイル　5g
ハムユイ（干し魚の一種。焼いてほぐす）　20g
ショウガ（みじん切り）　1g
溶き卵　50g
ご飯（タイ米）　250g
塩　適量
薄口醤油（中国産「生抽王」）　適量
レタス（ざく切り）　10g

1　1cm角に切った鶏モモ肉を180℃に熱した白絞油で揚げる。
2　中華鍋でピーナッツオイルを熱してよくなじませ、ほぐしたハムユイとショウガを入れて炒め、とりおく。
3　2の中華鍋に、必要があればピーナッツオイルを足して（材料外）、溶き卵を入れ、ご飯、塩を加えて炒め合わせる。
4　1と2を加えてさらに炒め、醤油を加えて調味し、火を止める。
5　レタスを加えて混ぜ、余熱でしんなりしたらすぐに皿に盛って提供する。

炭火釜焼きチャーシュー

(写真→ P.198)

■材料　5皿分

豚肩ロース肉　2kg
漬けダレ　適量（下記はつくりやすい分量）
 ┌漬けダレのベース　600g（下記はつくりやすい分量）
 │ ┌グラニュー糖　2kg
 │ │薄口醤油　900g
 │ │海鮮醤（中国・広東産の甘味噌）　200g
 │ │八丁味噌　80g
 │ │練りゴマ　100g
 │ │塩　100g
 │ │五香粉　30g
 │ │ジンジャーパウダー　30g
 │ └オニオンパウダー　20g
 │日本酒　1.8kg
 │食用色粉（オレンジと赤色系）　50g
 │コリアンダーの茎　30g
 │セロリの葉　30g
 │香味野菜※1　20g
 └ハマナス酒　10g
水アメ※2　適量
コリアンダー　適量
茹でピーナッツ※3　適量

※1　香味野菜は、ニンニク、ショウガ、エシャロットのみじん切りを同割で合わせたもの。

※2　水アメは、麦芽糖5kg、塩50g、水1.2ℓを合わせて火にかけて沸かし、粗熱をとったもの。

※3　茹でピーナッツのつくり方は、「光鶏の特製醤油漬け」（P.224）を参照。

1　豚肩ロース肉は余分な脂をとり、2kgを5つに切り分ける。

2　漬けダレをつくる。漬けダレのベースの材料をすべて合わせる。

3　日本酒に食用色粉を入れて沸騰させ、粗熱をとり、漬けダレのベースに加える。

4　コリアンダーの茎とセロリの葉をフードプロセッサーに入れて撹拌し、**3**に加える。さらに香味野菜とハマナス酒を加えて、**2**の肉を浸す。ときどき肉の上下を返して、約2時間おく。肉は、強く押すと形が崩れるので、ていねいに扱う。

5　**4**の肉を金串にかけて炭火で焼く。中火で両面をそれぞれ10分間加熱する。

6　**5**の肉に水アメをぬり、さらに両面をそれぞれ約5分間焼く。

7　オーダーが入ったら炭火で約2分間温め、コリアンダーと茹でピーナッツを添えて提供する。

炭火釜焼きアヒル

(写真→ P.199)

■材料　1皿分

合わせ塩　150g（下記はつくりやすい分量）
- 塩（中国・内モンゴルの岩塩「天外天塩」）　3kg
- グラニュー糖　1.5kg
- ジンジャーパウダー　30g
- 五香粉　30g
- オニオンパウダー　30g

合わせ味噌　40g（下記はつくりやすい分量）
- 海鮮醤（中国・広東産の甘味噌）　2.4kg
- 練りゴマ　1kg
- 磨豉醤（ペースト状の豆豉）　1.2kg
- 腐乳（紅南乳）　300g

家鴨（カナダ産・下処理ずみのもの）　1羽（2.8kg前後）
香味野菜※1　30g
八角　3個
ローリエ（ドライ）　3枚
カー（タイショウガ。皮つき、薄切り）　3枚
ハマナス酒　10g
水アメ※2　適量
クルミのアメがけ※3　適量
コリアンダー　適量
梅のソース※4　適量

※1　香味野菜は、ニンニク、ショウガ、エシャロットのみじん切りを同割で合わせたもの。

※2　水アメは、醸造酢4.2kg、麦芽糖3kg、水1.8ℓを合わせて火にかけて沸かし、粗熱をとったもの。

※3　クルミのアメがけのつくり方
■材料　つくりやすい分量
クルミ　1kg
重曹　少量
塩　適量
上白糖　400g
水　50㎖
白絞油　適量
白ゴマ　適量

1 クルミが浸るくらいの湯（材料外）に重曹を加え、クルミを茹でこぼす。
2 塩を加えた湯で再度**1**を茹でこぼす。
3 さらにもう一度、**2**を白湯で茹でこぼしてザルにあげ、ひと晩そのまま乾かす。
4 上白糖を鍋に入れ、水を加えてカラメルをつくる。
5 **4**が熱いうちに**3**を入れてからめる。
6 **5**を180℃に熱した白絞油で揚げ、熱いうちに白ゴマをまぶす。

※4　梅のソースのつくり方
■材料　つくりやすい分量
梅干し（紀州梅）　1kg
水　600㎖
パイナップル缶の果肉とシロップ　565g（1缶分）
上白糖　100g
ガリ（ショウガの甘酢漬け。みじん切り）　50g
一味唐辛子　20g

1 梅干しを種と実に分ける。種を鍋に入れて水を加えて沸かし、香りが出たら種を捨てる。
2 パイナップル缶の果肉とシロップ、梅干しの果肉をフードプロセッサーでなめらかになるまで撹拌する。
3 **2**を**1**の鍋に入れ、30分間弱火で熱し、上白糖とガリを加えてとろりとするまで煮詰める。一味唐辛子を加えて完成。

1 合わせ塩の材料を混ぜ合わせる。

2 合わせ味噌の材料を混ぜ合わせる。

3 家鴨は羽をむしり、内臓をとった下処理ずみのものを丸ごと使う。アヒルの尻から、**1**の合わせ塩を入れて身の内側にすり込み、香味野菜、八角、ローリエ、カーを詰める。

4 さらに合わせ味噌、ハマナス酒を入れ、料理用の針（チキン針など）で、詰めものが出ないように尻の部分をしっかりとじる。冷蔵庫に入れて1日ねかせる。

5 **4**を湯通しし、すぐに水に浸ける（皮にハリをもたせるため）。

6 水けをふきとった**5**に水アメをぬり、金串にかけて1日干す。

7 **6**の針をはずして中に詰めた野菜やハーブ、調味料をとり出し、軽くふいてから金串にかけて炭火（中火）で約50分間焼く。

8 **7**を¼に切り分け、さらに食べやすい大きさに切って、クルミのアメがけ、コリアンダーとともに盛り合わせる。梅のソースを添えて提供する。

レンゲ

タパス盛り合わせ

(写真→P.200)

◎四川風 よだれ鶏

■材料　つくりやすい分量

鶏ムネ肉（皮なし）　600g
塩　適量
長ネギ　5cm
ショウガ（薄切り）　2枚
花山椒　適量
紹興酒　30㎖
マリネ液　適量
├ 水　1ℓ
├ 紹興酒　120㎖
└ 塩　3g
四川ダレ　適量
├ 四川豆板醤（中国・ピーシェン産）　50g
├ 豆板醤　50g
├ 唐辛子（中国・四川産「朝天辣椒」）　50g
├ 綿実油　360㎖
└ 薄口醤油（中国産「生抽王」）　30㎖
キュウリ　適量
アサツキ（刻む）　適量

1　鶏ムネ肉に塩をふって約30分間おく。
2　長ネギ、ショウガ、花山椒を**1**にのせ、紹興酒をかけて、80℃の弱火で6分30秒間蒸す。
3　肉を裏返してさらに6分30秒間蒸す。
4　マリネ液をつくる。水、紹興酒、塩を合わせて沸騰させる。
5　バットに**3**の肉を入れて**4**を漉しながら注ぎ、そのまま粗熱がとれるまでおく。
6　四川ダレをつくる。四川豆板醤、豆板醤、種をとって刻んだ唐辛子をボウルに入れ、200℃に熱した綿実油をかけて泡立て器でよく混ぜる。醤油を加えて混ぜる。
7　オーダーが入ったら、**5**の鶏肉をとり出して切り分ける。せん切りにしたキュウリを皿に敷き、**6**の四川ダレをかけ、アサツキをちらす。

◎カキのフリット 塩玉子のタルタルで

■材料　つくりやすい分量

牡蠣（広島産・加熱用）　適量（1人分＝1個）
アサリのだし※　適量
衣　適量（下記はつくりやすい分量）
├ 薄力粉　150g
├ ドライイースト　3g
├ ベーキングパウダー　小さじ½
├ 砂糖　適量
└ 冷水　180㎖
タルタルソース（下記は10人分の分量）
├ 塩卵（鹹蛋）（シェンタン）の卵黄　2個分
├ マヨネーズ　150g
├ オリーブオイル　75㎖
├ ザーサイ（みじん切り）　30g
├ ケッパー（みじん切り）　30g
├ シェリービネガー　30㎖
├ フレッシュマスタード（オーストラリア産）　10g
└ 花山椒　適量
綿実油　適量

※アサリのだしのつくり方は、「上海蟹みその"黄金"麻婆豆腐」（P.233）を参照。

1　牡蠣は水洗いしてから水けをきり、アサリのだしに浸して冷蔵庫で保存する。だしに漬け込んでおくと、味が抜けにくく、加熱しても身が縮まない。
2　衣をつくる。冷水以外の材料を混ぜる。冷水を注いで混ぜ、冷蔵庫に入れて2倍量になるまで6時間ほど発酵させる。
3　タルタルソースをつくる。塩卵の卵黄を5分間蒸してほぐし、その他の材料と混ぜ合わせる。
4　**1**に**2**の衣をつけ、180℃の綿実油で揚げる。**3**のタルタルソースをかけて提供する。

◎上海蟹のコンソメの茶碗蒸し 椎茸の餡で

■材料　8人分

カニのコンソメ　360㎖（下記はつくりやすい分量）
- 水　14ℓ
- 長ネギ（青い部分）　3本分
- ショウガ　3片
- 昆布　20g
- 日本酒　540㎖
- 上海ガニ　5kg

卵白　1kg
鶏ムネ挽肉　2kg
長ネギ　1本
ショウガ（みじん切り）　1個

干し椎茸の餡　120㎖（下記はつくりやすい分量）
- 干し椎茸　6個
- 水　250㎖
- 日本酒　100㎖
- 塩　適量
- 薄口醤油（中国産「生抽王」）　適量
- 水溶き片栗粉　適量

全卵　2個
生クリーム　15㎖
塩　適量

1　カニのコンソメをつくる。鍋に水、長ネギ、ショウガ、昆布、日本酒を入れて火にかけ、沸騰したらミソをとり除いた上海ガニを入れて強火で1時間煮る。

2　**1**を漉し、粗熱がとれたら、卵白、鶏ムネ挽肉、半分に切った長ネギ、ショウガを加える。挽肉が表面に浮いてから1時間、水面に泡が浮いてくるくらいの火加減で煮る。粗熱をとり、漉す。

3　干し椎茸の餡をつくる。干し椎茸を1日水に浸してもどし、40分間強火で蒸す。

4　鍋に日本酒を入れてアルコールを飛ばし、**3**の椎茸の蒸し汁を漉し入れる。塩、醤油を加えて味つけし、水溶き片栗粉でとろみをつける。

5　茶碗蒸しをつくる。卵を溶き、生クリーム、塩を加えて泡立て器でよく混ぜる。**2**のカニのコンソメ360㎖を加えて裏漉しし、デミタスカップに注ぐ。弱火で約45分間蒸す。

6　蒸し上がった**5**の茶碗蒸しに、**4**の餡を15㎖ずつかけて提供する。

◎大人のポテトサラダ　タスマニアの生マスタードで

■材料　2人分

ジャガイモ（キタアカリ）　2個
マヨネーズ※1　45g
生クリーム　15㎖
ケッパー　15g
フレッシュマスタード（オーストラリア産）　15㎖
スモークオイル※2　30㎖
シェリービネガー　15㎖
砂糖　適量
白コショウ　適量
黒コショウ　適量

※1　マヨネーズは、全卵1個、綿実油200㎖、シェリービネガー15㎖、塩少量を撹拌してつくる。

※2　スモークオイルのつくり方は、次の通り。スモークウッド（ヒッコリー）を中華鍋に入れて火をつけ、煙が出たら大きめのバットに入れたグレープシードオイルを置き、蓋をして40分間おく。スモークオイルはポテトサラダだけではなく、ピータン豆腐や照り焼きソースの仕上げにも使っている。加熱すると香りが飛んでしまうので、加熱せずに使う。

1　皮をむいたジャガイモを強火で30分間蒸す。

2　マッシャーでつぶし、マヨネーズと生クリームを加えて混ぜる。

3　ケッパーを加えて混ぜ、さらにフレッシュマスタード、スモークオイル、シェリービネガー、砂糖、白コショウを加えて粘りが出るまで混ぜる。黒コショウと、適量のスモークオイルをかけて提供する。

タパス盛り合わせ

(写真→ P.200)

◎自家製XO醤

■材料　つくりやすい分量

干しホタテ貝柱　500g
干しエビ　150g
日本酒　適量
綿実油　750mℓ
エシャロット（みじん切り）　300g
ニンニク（みじん切り）　100g
金華ハム（みじん切り）　50g
シャーヅ（蝦子）※　15g
パプリカパウダー　20g
ピメントン・アウマード
　（スペイン産燻製パプリカパウダー）　少量
タカノツメ　3本

※シャーヅ（蝦子）とは、エビの卵を乾燥させたもので、中国料理で使われる調味料。

1　干しホタテ貝柱に日本酒をひたひたになるくらいまで注いでひと晩おく。翌朝、さらにひたひたになるまで日本酒を注ぎ、弱火で50分間蒸してからほぐしておく。
2　干しエビもホタテと同様に日本酒に浸し、ひと晩おく。翌朝、さらにひたひたになるまで日本酒を注ぎ、強火で15分間蒸してみじん切りにしておく。
3　鍋に綿実油を入れて熱し、エシャロットとニンニクを加えて低温で20分間、水分が飛ぶまで加熱する。
4　**1**のホタテ貝柱、**2**の干しエビ、金華ハム、シャーヅ、パプリカパウダー、ピメントン・アウマード、種をとったタカノツメを**3**の鍋に加え、さらに低温で20分間、混ぜながら加熱する。
5　粗熱がとれたら完成。小分けにしてポリ袋に入れ、空気を抜いて冷蔵庫で保存する。1ヵ月間は保存可能。

京鴨の春巻

(写真→ P.202)

■材料　33個分

合鴨ムネ肉　2枚（約800g）
長ネギ　3本
ユズコショウ　15g
ゴマ油　45mℓ
塩　少量
春巻の皮　33枚
水溶き薄力粉　適量
綿実油　適量
塩（イギリス産「マルドンの塩」）　適量

1　テフロン加工のフライパンに鴨ムネ肉を、塩をふって皮目を下にして入れ、途中で返すことなく、弱火で約30分間焼く。粗熱をとり、厚さ約5mmにスライスする。
2　長ネギは斜め切りにする。
3　**1**の鴨肉をボウルに入れ、**2**の長ネギ、ユズコショウ、ゴマ油、塩を加えて混ぜ合わせる。これを少量ずつ春巻の皮にのせて包み、水溶き薄力粉で皮の端をとめる。ユズコショウの代わりに甜麺醤を入れてもよい。この状態で冷凍保存することも可能。
4　160℃の綿実油でキツネ色になるまで揚げ、塩を添えて提供する。

キタアカリの雪菜炒め

（写真→ P.202）

■材料　1皿分

上湯　90〜120㎖（下記は10ℓ分の分量）
┌ 干しホタテ貝柱　200g
│ 干し椎茸　50g
│ 昆布　30g
│ 豚モモ挽肉　500g
│ 牛挽肉　500g
│ 鶏ムネ挽肉　500g
│ 長ネギ（みじん切り）　1本
│ ショウガ（みじん切り）　1片
│ 日本酒　360㎖
│ 鶏手羽先　500g
│ 鶏モミジ　500g
└ 水　12ℓ
ジャガイモ（キタアカリ）　1個
雪菜（中国産の漬けもの）　10g
綿実油　10㎖
ナッツオイル　適量
アサツキ（刻む）　適量
塩　適量
白トリュフ塩（イタリア・アルバ産）　適量

1　上湯を仕込む。干しホタテ貝柱、干し椎茸、昆布をボウルに入れてひたひたの水（材料外）でもどす。
2　豚モモ挽肉、牛挽肉、鶏ムネ挽肉、長ネギ、ショウガを別のボウルに入れ、日本酒を加えてもみ込む。
3　鍋に**1**と**2**を入れ、鶏手羽先と爪を切った鶏モミジを加える。水を注いで火にかけ、沸騰してから1時間30分、弱火で煮てから漉す。
4　ジャガイモは皮をむいて薄い輪切りにしてから、軽く水にさらして水けをきる。
5　雪菜は軽く水にさらして絞ってからみじん切りにする。中華鍋に綿実油を入れ、低温で雪菜を炒める。
6　**4**のジャガイモを加えて油が全体に回るように炒める。上湯を注ぐ。上湯の量はジャガイモの火の通り具合で加減する。
7　ジャガイモが透き通ってきたら火が入った合図。ナッツオイルとアサツキを加え、塩で調味して火を止める。
8　皿に盛り、白トリュフ塩をかける。

上海蟹みその"黄金"麻婆豆腐

（写真→ P.203）

■材料　1皿分

アサリのだし　90㎖（下記はつくりやすい分量）
┌ アサリ（愛知・知多半島産）　2kg
│ 日本酒　1.5ℓ
│ 昆布　20g
│ タカノツメ　1本
└ 水　1.5ℓ
麻婆豆腐の素　15㎖（下記はつくりやすい分量）
┌ 綿実油　100㎖
│ タカノツメ　3本
│ 長ネギ（みじん切り）　2本
│ ショウガ（みじん切り）　2片
└ ニンニク（みじん切り）　4片
豆板醤　5g
カニミソ　2杯分（Sサイズの雌）
日本酒　90㎖
塩、砂糖　各適量
パプリカパウダー　適量
絹漉し豆腐　200g
水溶き片栗粉　適量
太白胡麻油　15㎖
全卵　1個
マスの卵　適量

1　アサリのだしを仕込む。鍋に砂抜きしたアサリを入れて日本酒を注ぎ、昆布、タカノツメを加えて沸かし、アルコールを飛ばす。
2　水を加えて再度沸騰させ、15分間煮てから漉す。
3　麻婆豆腐の素は時間のあるときにつくりおきする。綿実油にタカノツメを加えて熱し、その他の材料を加えて香りが立つまで加熱する。粗熱がとれたら保存しておく。
4　**3**の麻婆豆腐の素と豆板醤を中華鍋に入れて熱し、カニミソを加える。
5　日本酒と**2**のアサリのだしを加え、塩と砂糖、パプリカパウダーで調味する。
6　カニミソが溶けたら、8等分にした豆腐を加える。
7　豆腐に火が入ったら、水溶き片栗粉でとろみをつける。鍋肌から回しかけるように太白胡麻油を入れる。
8　全卵を溶いて上から回しかけ、固まったら皿に盛る。マスの卵を添えて提供する。

黒毛和牛Ａ４サーロインの焼きしゃぶ

（写真→ P.204）

■材料　1皿分

ハモのタレ　適量（下記はつくりやすい分量）
- 綿実油　適量
- 長ネギ（ざく切り）　適量
- ショウガ（薄切り）　1個
- ハモの骨※　4〜5尾分
- 醤油　1ℓ
- 日本酒　1ℓ
- 砂糖　500g

和牛サーロイン（A4ランク）　70〜100g
オリーブオイル　適量
塩　適量
ご飯　40g
粉山椒　適量

※ハモの骨は、他の料理をつくる際に生じたものを使用。そのつど塩をふって水洗いし、冷凍保存しておく。

1　ハモのタレを仕込む。綿実油で長ネギとショウガを炒め、ハモの骨を加えて炒める。醤油、日本酒、砂糖を加え、弱火で半量になるまで煮詰める。
2　牛肉は薄切りにし、オリーブオイルを熱したフライパンに入れる。塩をやや多めにふって30秒焼く。
3　裏返して塩をふり、30秒間焼く。
4　ご飯を皿に盛り、**1**のハモのタレをかける。
5　肉をのせ、さらに肉の上からハモのタレをかける。
6　粉山椒をふって提供する。

ラーメン　本日のスープで

（写真→ P.205）

■材料　1杯分

魚のアラのスープ　300㎖（下記はつくりやすい分量）
- 魚（スジアラ）のアラ　2kg
- 塩　適量
- 水　4ℓ
- ニンジン　1本
- セロリ　1本
- ネギ（青い部分）　1本分
- ショウガ　1個
- 日本酒　360㎖
- 昆布　15g

カツオ節（個包装のもの）　4.5g（1パック分）
コルトゥーラ・ディ・アリーチ（イタリア産魚醤）　適量
貝柱油※　適量
中華麺　75g
黒コショウ　適量
アサツキ（刻む）　適量

※貝柱油は、蒸した干し貝柱60gを360㎖の綿実油に入れて低温で加熱し、漉したもの。

1　魚のアラのスープをつくる。他の魚料理で出たアラを冷凍保存しておき、ある程度の分量になったらだしをとる。写真はハタ科の魚、スジアラのアラでとっただしを使用。魚のアラに塩をふってしばらくおき、水洗いする。それ以外の材料を鍋に入れ、沸騰したら魚のアラを入れて1時間30分強火で煮出す。キッチンペーパーで漉す。
2　**1**を300㎖とり分け、漉してから沸騰させ、カツオ節を加えて漉す。
3　コルトゥーラ・ディ・アリーチ、貝柱油で調味する。
4　麺を1分30秒間茹で、水けをきる。
5　**4**を器に入れて**3**のスープを注ぎ、黒コショウをふる。アサツキを添えて提供する。

キンカンと冬野菜のピクルス

(写真→ P.206)

■材料　4皿分

キンカン　400g
カブ、ゴボウ、レンコン、金時ニンジン　各200g
調味液
- 米酢　250ml
- 日本酒　250ml
- 水　500ml
- 上白糖　125g
- 塩　35g
- 昆布　10g
- 実山椒　7g
- ローリエ（ドライ）　2枚
- 唐辛子　1本

1　キンカンは半分、その他の野菜は食べやすい大きさに切る。
2　調味液の材料を鍋に入れ、ひと煮立ちさせる。
3　1の野菜をそれぞれ下茹でし、冷ました調味液に浸けて、ひと晩以上おく。

大葉風味の揚げニョッキ

(写真→ P.206)

■材料　10皿分（1皿分100g）

ジャガイモ（メークイン）　1kg
大葉　20枚
全卵　1個
強力粉　100g
塩、白コショウ　各適量
白絞油　適量

1　ジャガイモは皮つきのまま茹で、皮をむいて熱いうちに裏漉す。
2　大葉は湯通しして冷水で冷まし、刻んで全卵と一緒にミルサーで撹拌する。
3　冷ました1に、2と強力粉、塩、白コショウを合わせ、粘りが出ないように手ばやくこねる。
4　直径約2cmの棒状に成形し、2.5cm幅に切り分ける。
5　鍋に湯を沸かし、オリーブオイルと塩（ともに材料外）を加えて4を入れ、浮いてきたら引き上げて冷水に落とす。水けをきってバットに並べ、冷凍保存する。
6　オーダーが入ったら、180℃の白絞油で揚げる。塩をふり、2個ずつ串にさして提供する。

ラクテール茸　ゆり根　芹のお浸し

(写真→ P.207)

■材料　1皿分

カツオだし　100ml
ミリン　10ml
薄口醤油　10ml
ラクテール茸　50g
ユリ根　20g
セリ　1束

1　カツオだしとミリン、薄口醤油を鍋に入れてひと煮立ちさせる。
2　きれいに掃除して食べやすい大きさに切ったラクテール茸とユリ根を1に入れ、弱火で火を入れる。
3　粗熱をとった2に、茹でて適当な大きさに切ったセリを加え、ひと晩ねかせる。
4　皿に盛って提供する。

カキのしんじょう揚げ

(写真→ P.208)

■材料　9皿分（18cm×18cm×高さ4.5cmの型1台分）

牡蠣（むき身）　1kg
卵黄　4個分
サラダオイル　100ml
白身魚のすり身　1kg
長ネギ（みじん切り）　2本
薄口醤油　少量
片栗粉　適量
白絞油　適量
ギンナン　63粒（1皿7粒）
塩　適量
スダチ　適量

1　牡蠣を天板に並べてオーブンに入れ、80℃で約1時間火入れして、水分を抜く。
2　フードプロセッサーに卵黄とサラダオイルを入れて撹拌する。1の牡蠣、白身魚のすり身、長ネギ、薄口醤油を加えてさらに混ぜる。
3　2を型に流し、80℃で1時間30分蒸す。
4　好みの大きさに切って片栗粉をまぶし、180℃の白絞油で揚げる。
5　ギンナンを揚げて塩をまぶす。
6　4を皿に盛り、5のギンナンとスダチを添えて提供する。

白身魚の昆布〆 クレソンと岩海苔のマリネ

（写真→ P.209）

■材料　1皿分

白身魚の昆布締め※　100g
醤油　5㎖
クレソン　½束
塩　適量
岩海苔　適量
食用菊（ほぐす）　適量
E.V. オリーブオイル　20㎖
レモン果汁　⅛個分

※白身魚の昆布締めのつくり方は、次の通り。切り身にした白身魚に軽く塩をふって、30分間おく。キッチンペーパーで水けをふきとり、日高昆布で、上下で挟む。バットに入れてラップフィルムをかけ、冷蔵庫に入れて1日おく。

1　白身魚の昆布締め（写真はヒラメ）を薄切りにし、皿に広げるように盛りつけて、醤油をかける。
2　クレソンを適当な大きさに切ってボウルに入れ、塩をふってよく混ぜる。岩海苔と食用菊を加え、E.V. オリーブオイル、レモン果汁をかけてよく混ぜる。
3　**1**の上に**2**をのせて提供する。

馬カツ

（写真→ P.210）

■材料　1皿分

馬フィレ肉　200g
塩、白コショウ　各適量
薄力粉、溶き卵、パン粉　各適量
白絞油　適量
赤ワイン　50㎖
ヴィンコットソース※　25㎖
リーフレタス（グリーンリーフ）　適量
E.V. オリーブオイル　適量

※ヴィンコットソースはブドウ果汁を煮詰めたソース。市販品を使用。

1　馬フィレ肉に塩、白コショウをふり、薄力粉、溶き卵、パン粉を順につける。
2　180℃の白絞油で**1**を揚げる。一度とり出してしばらくやすませ、再度170℃の白絞油で揚げる。
3　赤ワインとヴィンコットソースを鍋に入れて⅓量になるまで煮詰め、ソースとする。
4　**2**とリーフレタスを皿に盛る。**3**のソースと、E.V. オリーブオイルを添える。

ジュ・ド・ベベのトマトソース キタッラ

（写真→ P.211）

■材料　つくりやすい分量

キタッラ　100g（下記は5皿分の分量）
　強力粉（イタリア産・00番）　500g
　全卵　3個
　卵黄　2個分
　サフラン（パウダー）　少量
トマト（ジュ・ド・ベベ）　1.5kg（4皿分の分量）
E.V. オリーブオイル　適量
塩　適量
パルミジャーノ・レッジャーノチーズ　適量

1　キタッラをつくる。ボウルにキタッラの材料をすべて入れ、混ぜ合わせてからこねる。密閉式の袋に入れて真空パック機にかけ、冷蔵庫でひと晩ねかせる。空気を抜いて密封することによって、鮮やかな色合いを保つことができる。
2　**1**をパスタマシンで厚さ3㎜にのばし、キタッラ専用の器具でカットする。
3　トマトを、ヘタをとり除いて冷凍し、解凍してから裏漉しする。
4　キタッラ100gを3分間茹でる。その間に**3**をフライパンに入れて温め、E.V. オリーブオイルと塩で味をととのえてソースとする。
5　茹で上がったキタッラに調味したトマトソースをからめて皿に盛り、すりおろしたパルミジャーノ・レッジャーノチーズを添えて提供する。

スッポンのラヴィオリ スープ仕立て

(写真→ P.212)

■材料　1皿分

スッポンのスープ　180mℓ (下記はつくりやすい分量)
- スッポン　1匹 (約1kg)
- 水　4ℓ
- 日本酒　400mℓ
- 長ネギ　1本
- 昆布　適量
- ショウガ　適量

スッポンのラヴィオリ　10個 (下記は約100個分の分量)
- 強力粉 (イタリア産・00番)　500g
- 全卵　3個
- 卵黄　2個分
- サフラン (パウダー)　少量
- スッポンの身　300g (1個につき3gを使用)
- 塩　適量

季節の野菜　適量
(写真は、京ニンジン、紅芯ダイコン、椎茸、トウガン、ゴボウ)

塩　適量
薄口醤油　適量
スダチの皮　適量

1　スッポンのスープをつくる。スッポンをさばいて霜降りをしてから、他の材料とともに鍋に入れる。弱火にかけてアクをとりながら約3時間煮る。
2　スッポンのラヴィオリをつくる。ボウルに強力粉、全卵、卵黄、サフランを入れ、混ぜ合わせてからこねる。密閉式の袋に入れて真空パック機にかけ、冷蔵庫でひと晩ねかせる。空気を抜いて密封することによって、鮮やかな色合いを保つことができる。
3　パスタマシンで生地を厚さ1mmにのばし、5cm角の正方形にカットする。
4　**1**のスッポンをとり出し、細かく刻んで、塩で味をととのえる。
5　**4**のスッポンの身を3gずつ**3**の生地で包む。
6　季節の野菜を角切りにし、下茹でする。
7　オーダーが入ったら、**1**のスープを180mℓとり分け、**6**の野菜を加えて煮る。塩と薄口醤油で味をととのえる。
8　**5**のラヴィオリ10個を茹でて、**7**に加える。スダチの皮を添えて提供する。

鴨と聖護院大根の煮物 蕎麦の実の餡かけ

(写真→ P.213)

■材料　1皿分

カツオだし　200mℓ
ミリン　20mℓ
薄口醤油　20mℓ
聖護院ダイコン　50g×2個
鴨肉 (薄切り)　5枚
ソバ粉　適量
ソバの実　50g
ワサビ　適量
菜ノ花　2本
金時ニンジン　3切れ

1　カツオだし、ミリン、薄口醤油を鍋に入れ、ひと煮立ちさせる。
2　聖護院ダイコンは皮をむいて50g前後に切り分け、下茹でする。
3　**2**を**1**に入れて弱火で煮る。
4　鴨肉にソバ粉をまぶして**3**に入れ、火を入れすぎないように弱火で煮る。
5　ダイコンと鴨肉を器に盛る。
6　**4**の残った煮汁に、ソバの実を加えて火を通す。
7　**5**に、茹でておいた菜ノ花と、拍子木切りにして茹でた金時ニンジンを添える。
8　**6**を**7**に注ぎ、ワサビを天にのせて提供する。

旬のフルーツの ブリア・サヴァランの白和え

(写真→ P.213)

■材料　1皿分

ブリア・サヴァラン (フレッシュチーズ)　50g
生クリーム (乳脂肪分36%)　100mℓ
ハチミツ　10g
イチゴ　4粒
ディル　適量

1　ブリア・サヴァランに生クリームを少しずつ加え、分離しないように混ぜる。ハチミツを加えて味をととのえる。
2　イチゴを2等分～4等分に切り分ける。
3　**2**を**1**で和えて皿に盛り、ディルを飾る。

■主要材料別索引

※頁数が2つの場合は、左が写真、右がレシピ掲載頁

肉類

●合挽肉
ラザニア　21・52

●猪肉
いのししのパテとイチジク　24・54
猪とゴボウのテリーヌ　97・118

●鴨（家鴨）肉
青首鴨の炭火焼き　29・57
カモの燻製 テット・ド・モアンヌとバルサミコ　94・115
炭火釜焼きアヒル　199・229
京鴨の春巻　202・232
鴨と聖護院大根の煮物 蕎麦の実の餡かけ　213・237

●牛タン
特上牛タンすじのポトフ ゆずこしょう風味　156・175

●牛内臓
牛ハツと野菜のバイヤルディ仕立て　132・161
秋田かづの牛塩モツ煮込み　142・166
トリッパのトマト煮込み　148・170
トリッパ　190・222

●牛肉
フルール・ド・オーブラック牛の炭火焼き 約500g　28・57
ステーキフリット 牛ハラミのステーキ
　　マルシャン・ド・ヴァン・バター　35・61
牛ホホ肉の赤ワイン煮　36・61
国産牛のタルタル　41・64
国産牛ハラミステーキ　89・112
特製ミートパイ　95・116
冷製ローストビーフ　135・163
山形牛モモ肉のステーキ　144・167
ボロネーゼ　150・171
北海道産牛ランプステーキ　151・171
黒毛和牛Ａ４サーロインの焼きしゃぶ　204・234

●仔羊肉
仔羊の瞬間スモーク　22・53
仔羊のハンバーグ バジルペースト　43・65
仔羊背肉のロースト 香草風味　100・119

●鶏内臓
パテ・ド・十番　91・113
田舎風豚肉のパテ　102
白レバーブリュレ　138・165
パテ・ド・カンパーニュ　145・168
白レバーパテ トリュフ風味　152・172
砂肝のコンフィ　154・174

●鶏肉
山形県産ジャスミンライスを詰めた津軽鶏モモ肉の
　ロースト 生姜風味のソース　101・120
美桜鶏とトマトの土瓶蒸し　142・167
マサラチキン　191・223
光鶏の特製醤油漬け　193・224
ハムユイ入りチャーハン　198・227
タパス盛り合わせ（四川風 よだれ鶏）　200・230

●馬肉
桜肉しんたまのタルタル　134・162
馬カツ　210・236

●豚タン
豚タンの冷製シュワシュワ切り　133・162

●豚肉
イタリア産生ハムの盛り合わせ（リエット）　18・48
シュークルート ピヨッシュ風　27・56
自家製ソーセージ　46
プチサレとランティーユ　88・112
パテ・ド・十番　91・113
丸ごとトマトとコリアンダーのチリコンカルネ　91・114
田舎風豚肉のパテ　102
豚スネ肉のデラウェアワイン煮込み　136・163
パテ・ド・カンパーニュ　145・168
ボロネーゼ　150・171
やわらかーい煮豚とキャロットラペ　157・175
自家製ベーコン　158
チャーシュー　186・220
ゴーヒャン　189・221
皮付き豚バラ肉のクリスピー焼き　194・225
炭火釜焼きチャーシュー　198・228

●豚耳
ミミガー　190・222

肉加工品

●ソーセージ
シュークルート ピヨッシュ風　27・56
自家製ソーセージ　46

●ハム
イタリア産生ハムの盛り合わせ
　（生ハムの盛り合わせ）　18・48
生ハムとフルーツの葉野菜サラダ　92・114
タパス盛り合わせ（自家製XO醤）　200・232

●ベーコン
スープ オー ピストゥ　86・110
自家製ベーコン　158

魚介類

●アカハタ
本日の魚の蒸し物　197・227

●アサリ
IJのポテトサラダ　38・63
浅利の漁師風　39・63
スペルト小麦と魚介のリゾット　40・63

●イカ
ヒイカのスミ煮　32・59
セウタ　78・105
モンゴウイカの揚げ物　196・226

●イクラ
カニとイクラの炊き込みご飯　143・167

●イワシ
自家製オイルサーディン　152・172

●エイヒレ
エイヒレのムニエル 焦がしバターソース　42・65

●エビ
ムースフリット　20・51
海老のブルギニヨン　140・166
エビと蓮根のアヒージョ　146・169
ゴーヒャン　189・221
茹で才巻海老 特製醤油ソース　195・226

●オマール
オマール海老のホットドッグ　137・164

●牡蠣
広島産カキのオイル漬け　155・174
タパス盛り合わせ
　（カキのフリット 塩玉子のタルタルで）　200・230
カキのしんじょう揚げ　208・235

●カニ
カニのワカモレ　77・105
極上椎茸に詰めたホタテムースと
　ズワイガニのロースト　98・118
カニとイクラの炊き込みご飯　143・167
ソフトシェルクラブ　192・223
タパス盛り合わせ
　（上海蟹のコンソメの茶碗蒸し 椎茸の餡で）　200・231

●カニミソ
上海蟹みその"黄金"麻婆豆腐　203・233

●サバ
サバのマリネ　25・54
炙りしめ鯖とじゃがいも　30・58
〆鯖ツァネラ　76・104

●サンマ
サンマのテリーヌ バルサミコソース　31・58

●白子
白子のフリット　25・55
白子のムニエル 焦がしバターとケッパーのソース　99・119

●スッポン
スッポンのラヴィオリ スープ仕立て　212・237

●タコ

タコとアボカドのジェノベーゼ　90・113
地ダコのアヒージョ　132・161
タコとアボカドのサラダ　153・172

●タラ

ブランダード　76・104
ブランダード　87・111

●ヒラメ

チュルボのロースト　81・107
白身魚の昆布〆 クレソンと岩海苔のマリネ　209・236

●ブリ

ブリ大根　86・111

●ホタテ貝

ムースフリット　20・51
スペルト小麦と魚介のリゾット　40・63
帆立とマッシュルームのバターソテー
　　ルッコラセルバチコとペコリーノ　93・115
極上椎茸に詰めたホタテムースと
　　ズワイガニのロースト　98・118

●マグロ

テット・ド・フロマグロ　79・106
マグロのうなぎ　80・107

●ムール貝

ムール貝のエスカルゴバター焼き プロヴァンサル　96・117
ムール貝の白ワイン蒸し　141・166

●メカジキ

メカジキのグリル ラタトゥイユ添え　34・60
メカジキのコンフィ オイルガーリック　41・64
燻製カジキマグロのカルパッチョ　153・173

●魚介各種

ブイヤベース　82・108

魚介加工品

●アンチョビフィレ

焼きナスとアンチョビ　84・109
どっかんキャベツ 焦がしアンチョビバター　154・173
アンチョビチーズ焼きオニギリ　156・175

●岩海苔

白身魚の昆布〆 クレソンと岩海苔のマリネ　209・236

●白身魚のすり身

ムースフリット　20・51
カキのしんじょう揚げ　208・235

●干しホタテ貝柱・干しエビ

タパス盛り合わせ（自家製XO醤）　200・232

●タコ焼き

大阪風クロケット　137

●ハムユイ

ハムユイ入りチャーハン　198・227

野菜、果物、およびその加工品

●アボカド

カニのワカモレ　77・105
タコとアボカドのジェノベーゼ　90・113
タコとアボカドのサラダ　153・172

●イチゴ

旬のフルーツのブリア・サヴァランの白和え　213・237

●イチジク

いのししのパテとイチジク　24・54
イチジクバター　139・165

●ウラドマメ

ワダ 南インド風豆のコロッケ　186・220

●大葉

大葉風味の揚げニョッキ　206・235

●オクラ

茄子とオクラのベラド
　　スパイシートマトソース和え　188・221

●オリーブ

イタリア産生ハムの盛り合わせ（オリーブマリネ）　18・48
セウタ　78・105

●キノコ

ゴボウのフラン　19・50
色々キノコのドフィノワ　33・60
帆立とマッシュルームのバターソテー
　　ルッコラセルバチコとペコリーノ　93・115
極上椎茸に詰めたホタテムースと
　　ズワイガニのロースト　98・118
原木椎茸のブルーチーズ焼き　130・160
地ダコのアヒージョ　132・161
海老のブルギニヨン　140・166
タパス盛り合わせ
　　（上海蟹のコンソメの茶碗蒸し 椎茸の餡で）　200・231
ラクテール茸 ゆり根 芹のお浸し　207・235

●キャベツ

サバのマリネ　25・54
シュークルート ピヨッシュ風　27・56
エイヒレのムニエル 焦がしバターソース　42・65
どっかんキャベツ 焦がしアンチョビバター　154・173

●キンカン

キンカンと冬野菜のピクルス　206・235

●空芯菜

サンバルカンコン　187・220

●クリ

栗と白インゲンのカスレ　32・59

●クレソン

パクチーとクレソン、セルバチコのサラダ　131・160
クレソンとフェンネルのサラダ　145・168
白身魚の昆布〆 クレソンと岩海苔のマリネ　209・236

●ゴボウ

ゴボウのフラン　19・50
猪とゴボウのテリーヌ　97・118

●コリアンダー

丸ごとトマトとコリアンダーのチリコンカルネ　91・114
パクチーとクレソン、セルバチコのサラダ　131・160

●サトイモ

甚五右ヱ門芋とブルターニュバター　84・109

●ジャガイモ

フルール・ド・オーブラック牛の炭火焼き
　　約500g　28・57
炙りしめ鯖とじゃがいも　30・58
色々キノコのドフィノワ　33・60
ステーキフリット 牛ハラミのステーキ
　　マルシャン・ド・ヴァン・バター　35・61
牛ホホ肉の赤ワイン煮　36・61
IJのポテトサラダ　38・63
国産牛ハラミステーキ　89・112
特製ミートパイ　95・116
タパス盛り合わせ（大人のポテトサラダ
　　タスマニアの生マスタードで）　200・231
キタアカリの雪菜炒め　202・233
大葉風味の揚げニョッキ　206・235

●ショウガ

山形県産ジャスミンライスを詰めた
　　津軽鶏モモ肉のロースト　生姜風味のソース　101・120

●白インゲンマメ

栗と白インゲンのカスレ　32・59

●セリ

ラクテール茸 ゆり根 芹のお浸し　207・235

241

●セルバチコ

帆立とマッシュルームのバターソテー
　　ルッコラセルバチコとペコリーノ　93・115
パクチーとクレソン、セルバチコのサラダ　131・160

●ダイコン

ブリ大根　86・111
大根オムレツ　189・221
鴨と聖護院大根の煮物　蕎麦の実の餡かけ　213・237

●タマネギ

玉葱のロースト　スパイスの香り　130・160

●豆腐

上海蟹みその"黄金"麻婆豆腐　203・233

●トマト

ラザニア　21・52
ヒイカのスミ煮　32・59
トマト！トマト！！トマト！！！　38・62
丸ごとトマトとコリアンダーのチリコンカルネ　91・114
美桜鶏とトマトの土瓶蒸し　142・167
カポナータ　147・169
ミネストローネ　147・169
トリッパのトマト煮込み　148・170
茄子とオクラのベラド
　　スパイシートマトソース和え　188・221
ジュ・ド・ベベのトマトソース　キタッラ　211・236

●長ネギ

青首鴨の炭火焼き　29・57
光鶏の特製醤油漬け　193・224
京鴨の春巻　202・232

●ナス

焼きナスとアンチョビ　84・109
茄子とオクラのベラド
　　スパイシートマトソース和え　188・221

●ニンジン

イタリア産生ハムの盛り合わせ（キャロットラペ）　18・49
やわらかーい煮豚とキャロットラペ　157・175

●パプリカ

ムースフリット　20・51

●ヒヨコマメ

ソッカと焼き野菜のサラダ　85・109

●フェンネル

クレソンとフェンネルのサラダ　145・168

●雪菜

キタアカリの雪菜炒め　202・233

●ユリ根

ラクテール茸　ゆり根　芹のお浸し　207・235

●レタス

湯引きレタス　紅焼ソース　194・226

●レンコン

エビと蓮根のアヒージョ　146・169

●レンズマメ

プチサレとランティーユ　88・112

●野菜各種

イタリア産生ハムの盛り合わせ（グレック）　18・49
仔羊の瞬間スモーク　22・53
自然派サラダ　26・55
季節野菜のエチュベ　31・58
メカジキのグリル　ラタトゥイユ添え　34・60
ティアン・ド・レギューム　37・62
〆鯖ツァネラ　76・104
テット・ド・フロマグロ　79・106
チュルボのロースト　81・107
ブイヤベース　82・108
ソッカと焼き野菜のサラダ　85・109

スープ オー ピストゥ　86・110
生ハムとフルーツの葉野菜サラダ　92・114
自家製有機野菜のピクルス　97・117
牛ハツと野菜のバイヤルディ仕立て　132・161
8種季節野菜のオーブン焼き　140・165
秋田かづの牛塩モツ煮込み　142・166
山形牛モモ肉のステーキ　144・167
カポナータ　147・169
ミネストローネ　147・169
トリッパのトマト煮込み　148・170
砂肝のコンフィ　154・174
トリッパ　190・222
ミミガー　190・222
キンカンと冬野菜のピクルス　206・235

●果物各種

生ハムとフルーツの葉野菜サラダ　92・114

穀類、麺、パスタ、パン、その他

●小麦

スペルト小麦と魚介のリゾット　40・63

●米（ご飯）

お米のブイヤベース　83・108
山形県産ジャスミンライスを詰めた津軽鶏モモ肉の
　ロースト 生姜風味のソース　101・120
カニとイクラの炊き込みご飯　143・167
アンチョビチーズ焼きオニギリ　156・175
ハムユイ入りチャーハン　198・227
黒毛和牛A4サーロインの焼きしゃぶ　204・234

●蕎麦

鴨と聖護院大根の煮物 蕎麦の実の餡かけ　213・237

●タコ焼き

大阪風クロケット　137

●タルト・パイ生地

ゴボウのフラン　19・50
特製ミートパイ　95・116

●中華麺

ラーメン 本日のスープで　205・234

●パスタ

ラザニア　21・52
ボロネーゼ　150・171
ジュ・ド・ベベのトマトソース キタッラ　211・236
スッポンのラヴィオリ スープ仕立て　212・237

●パン

ライ麦パン　44
丸ごとトマトとコリアンダーのチリコンカルネ　91・114
オマール海老のホットドッグ　137・164

卵・乳製品

●卵

ゴボウのフラン　19・50
大根オムレツ　189・221
ハムユイ入りチャーハン　198・227
タパス盛り合わせ
　（上海蟹のコンソメの茶碗蒸し 椎茸の餡で）　200・231
上海蟹みその"黄金"麻婆豆腐　203・233

●チーズ

本日のチーズ テットドモア　23
チーズの盛合せ　89
帆立とマッシュルームのバターソテー
　ルッコラセルバチコとペコリーノ　93・115
カモの燻製 テット・ド・モアンヌとバルサミコ　94・115
原木椎茸のブルーチーズ焼き　130・160
アンチョビチーズ焼きオニギリ　156・175
旬のフルーツのブリア・サヴァランの白和え　213・237

●バター

ステーキフリット 牛ハラミのステーキ
　マルシャン・ド・ヴァン・バター　35・61
甚五右ヱ門芋とブルターニュバター　84・109
ムール貝のエスカルゴバター焼き プロヴァンサル　96・117
イチジクバター　139・165

ワイン食堂のメニューブック
多様化するビストロ・バル料理154

初版印刷	2015年4月1日
初版発行	2015年4月15日

編者Ⓒ　　柴田書店
発行者　　土肥大介
発行所　　株式会社 柴田書店
　　　　　東京都文京区湯島3-26-9 イヤサカビル
　　　　　〒113-8477
　　　　　電話　営業部　03-5816-8282（注文・問合せ）
　　　　　　　　書籍編集部　03-5816-8260
　　　　　URL　http://www.shibatashoten.co.jp

印刷・製本　図書印刷株式会社

本書収録内容の無断掲載・複写（コピー）・引用・データ配信等の行為は固く禁じます。
落丁、乱丁本はお取り替えいたします。

ISBN978-4-388-06206-5
Printed in Japan